隨緣

不是教你

隨便

吳勵名
蕭勝平　編著

學習智者處世的態度，
開心或難過，
一切都讓它 Let it go！

目 錄

目錄 ————————————

目錄

第 10 章　無為而治，妙手御人

附錄一　《小窗幽記》之〈集醒〉卷

附錄二　《呻吟語》之〈應務〉卷

目錄

前言

　　為什麼有些人做起事來順風順水，而有些人一踏出腳步就處處受到牽制？

　　——「術」不同也。「術」是什麼？所謂「術」，指的是達成目標的策略。為了探索「術」的奧祕，歷代的思想家們窮極一生，苦心鑽研。相傳孔子年輕時，曾受教於老子，老子告誡他說：「良賈深藏若虛，君子盛德容貌若愚。」此言令孔子頗受啟發。因此，我們在道家、儒家的思想裡，不難發現他們對「大智若愚」的一致推崇：老莊宣揚的「道法自然」和「無為而治」，孔孟提倡的「中庸之道」，與「大智若愚」都有著密切的連繫。

　　第一次提出「大智若愚」這個詞的人，是北宋的文學家蘇軾，他在〈賀歐陽少師致仕啟〉中寫道：「力辭於未及之年，退託以不能而止，大勇若怯，大智若愚。」大意為：對於一些不情願或不能做的事，可以智迴避之。本有大勇，卻裝出怯懦的樣子；原本很聰明，硬要裝成愚昧笨拙的樣子。不過，蘇軾的話，明顯是脫胎於距他 1,500 多年前的《老子》中「大直若屈，大巧若拙，大辯若訥」，在思想上亦與老子一脈相承。

　　大智若愚的人，憨厚溫和、平易近人、虛懷若谷、不露鋒芒，甚至有點木訥、遲鈍、迂腐。大智若愚的人，寵辱不驚、遇事沉著冷靜、看透卻不說透、知根卻不亮底。大智若愚的人，大智在內、若愚在外，將才華隱藏得很深，給人一副混混沌沌的樣子，往往讓人認為自己無能。實際上，他們用的是心功。孔子的弟子顏回就是一個大智若愚的人，他表面上唯唯諾諾、迷迷糊糊，卻總能把先生的教導清楚並有條理地講述出來，因此深得老師孔子以及師兄弟們的喜愛。

前言

　　「大智若愚」是基於東方傳統文化而催生的一種智慧人生境界。達此境界者，退可獨善其身，進可兼濟天下。常研習大智若愚術，你的人生之路必將充滿鮮花與溫暖！

編者

第 1 章
大智若愚，大巧若拙

　　智愚之別，實乃內外之分。外智者工於計巧，慣於矯飾。
喜好張揚、事事計較。內智者貌似糊塗，抱樸守拙、與世無爭、
不拘小節。外智而內愚，愚不可及；外愚而內智，智不可擋。
至於外智而內智者，免不了聰明反被聰明誤，反而不得外愚且
內愚之人。

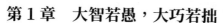

▌楔子

在美國的一個鄉村小鎮裡，有個憨直傻氣的孩子時常被鎮上的人捉弄。他們故意將一枚五分的硬幣和一枚一角的硬幣丟在他面前，讓他隨意選擇一個。小孩總是選那個五分的，於是大家都嘲笑他，拿他開玩笑。

有一天，一位慈祥的婦人看到小孩很可憐，便對他說：「可憐的孩子，難道你不知道一角比五分值錢嗎？」

「我當然知道。」小孩慢條斯理地說，「不過，如果我撿了那個一角的，恐怕他們就再也不願意丟錢給我了。」

這個小孩，後來成為美國歷史上赫赫有名的一位總統。他的名字叫威廉·亨利·哈里森（William Henry Harrison）。

真正有大智慧的人，都懂得深藏不露，努力把自己的聰明隱藏起來。在歷史上，耍小聰明的人吃盡苦頭、耽誤了終身；而那些大智若愚、藏巧於拙的人卻成就了大事，鑄造了人生的輝煌。在這一方面，東方的大智慧者與西方的大智慧者是完全一致的。例如：《論語·為政》中講孔子的弟子顏回善於守愚，深得老師的喜愛。他表面上唯唯諾諾、迷迷糊糊，其實他非常用心，所以課後他總能把孔子的教導清楚而有條理地講出來。可見，若愚並非真愚，在其「若愚」的背後，隱藏的是大智。

▌聰明而愚為大智

明代大作家呂坤在《呻吟語》中寫道：「愚者人笑之，聰明者人疑之。聰明而愚，其大智也。《詩》云：『靡哲不愚』，則知不愚非哲也。」其意思是：愚蠢的人，別人會譏笑他；聰明的人，別人會懷疑他。只有既聰明但是看起來又愚笨的人，才是真正的大智者。

　　照字面解釋，「大智若愚」的意思就是有大智大慧、大覺大悟的人不顯露才華，看起來好像很愚笨。事實上，這既是一種至高的人生境界，又是人生大謀的回答。就前者而言，大智的人如同風一樣自由，無牽無掛、無拘無束，俗世的一切都在身外。就後者而言，是在人前收斂自己的智慧，一種混混沌沌的樣子，在小事上常常不如一般人精明，應變能力好像差一點，這正是城府深密的表現。故作愚鈍，讓人以為自己無能，讓人忽視自己的存在，而在必要時，可以不動聲色，先發制人，讓別人失敗了還不知是怎麼回事。做人應盡量避免鋒芒畢露，不要成為別人妒忌的目標。千萬不要為了滿足愚蠢而危險的虛榮心，而導致自己失敗。

　　「大智若愚」並非故意裝瘋賣傻、裝腔作勢，也不是故作深沉、故弄玄虛，而是待人處事的一種方式、一種態度。即是：心平氣和、遇亂不懼、受寵不驚、受辱不躁、含而不露、隱而不顯、自然、平淡、普通、從容、看透而不說透、知根而不亮底，心裡就像有面鏡子般，將所有事情都照得清清楚楚，但表面上卻顯得不知、不懂、不明、不晰。

　　大智若愚既表現在人的面部表情上，也表現在人的行為舉止上。大智若愚的人給別人的印象是：時常笑容滿面、寬厚溫和、平易近人、虛懷若谷、不露鋒芒，有時甚至顯得有點木訥、有點遲鈍、有點無法適應時代潮流。但我們需要知道：若愚者，即似愚也，而非愚也。因此「若愚」只是一種表象、一種策略，而不是真正的愚笨。在「若愚」的背後，隱含的是真正的大智慧、大聰明、大學問，而只要是真正具有大智慧、大聰明、大學問的人往往給人的印象是有點愚鈍的。因此，才有了「大智若愚」這個含有哲理意義的成語，從而豐富了我們的人生哲學。

　　大智若愚，這確實是人們文明智慧的一大結晶。

　　撥開世上塵氛‧胸中自無火炎冰兢：消卻心中鄙吝，眼前時有月到風來。塵緣割斷，煩惱從何處安身：世慮潛消，清虛向此中立腳。

▌外愚內智是正道

明朝時，況鍾最初以小吏的低微身份追隨尚書呂震左右。況鍾雖是小吏，但頭腦聰明，辦事忠誠。呂震十分欣賞他的才能，推薦他當主管、升郎中，最後出任蘇州知府。

剛到蘇州，況鍾假裝對政務一竅不通，凡事問這問那，府裡的小吏們抱著公文，各個圍著況鍾轉，請他批示。況鍾假裝不知，慎重地詢問小吏。小吏說可以就批准，不行就不批准，一切聽從下屬的安排。這樣一來，許多官吏開心得手舞足蹈，各個眉開眼笑，紛紛說況鍾是個大笨蛋。

過了三天，況鍾召集全府上下官員，一改往日溫柔愚笨之態，大聲責罵說：「你們這些人中，有許多奸佞之徒。某某事可以，他卻阻止我去辦；某某事不可以，他則慫恿我、耍弄我，以為我是個糊塗蟲，實在太可惡了！」況鍾下令，將幾個小吏捆綁起來一頓狠揍，鞭打後丟到街上。

這個舉動使剩下的幾個下屬膽戰心驚，原來知府大人心裡很清楚。各個一改拖拉、懶散之風，積極地工作，從此蘇州得到大治，百姓安居樂業。

況鍾用外愚蒙蔽了對手，等到時機成熟，內智便噴湧而出，就好像偽裝成不會武功的乞丐，摸清對手的底細後拔劍而出，直接一刀制敵、乾淨俐落。

唐朝第十七位皇帝李忱，是第十一位皇帝唐憲宗的十三子。李忱自幼笨拙木訥，與同齡的孩子相比似乎略為弱智。隨著年齡的增長，他變得更加沉默寡言，無論是遇到好事還是壞事，李忱都無動於衷。平時參加宴會，也是一副面無表情的樣子。這樣的人，著實與皇帝的龍椅相距甚遠。當然，與龍椅相距甚遠的李忱，自然也在刀光劍影的權力鬥爭中得以保護自己。

命運在李忱 36 歲那年出現了轉折。會昌六年（846 年），唐朝第十六位皇帝唐武宗吃方士仙丹而暴斃。國不可一日無主，在選繼位皇帝的問題上，得勢的宦官們首先想到的是找一個能力弱的皇帝。這樣，才有利於宦官們繼續獨攬朝政、享受榮華富貴。於是，身為三朝皇叔的李忱，就被迎回長安，黃袍加身。但李忱登基的那一天，令大明宮裡所有人都驚呆了。在他們面前的，哪裡是什麼低能兒，根本就是一個聰明睿智的人。那些不懷好意的宦官們都被皇帝的不凡氣度所震驚，後悔選了李忱作為皇帝。

唐宣宗李忱登基時，唐朝國勢已很不景氣，藩鎮割據、牛李黨爭、農民起義、朝政腐敗、官吏貪汙、宦官專權、四夷不朝。唐宣宗致力於改變這種狀況，他先貶謫李德裕，結束牛李黨爭。宣宗勤儉治國、體貼百姓、減少賦稅、注重人才選拔，唐朝國勢有所起色、階級矛盾有所緩和、百姓日漸富裕，使暮氣沉沉的晚唐呈現出「中興」的局面。宣宗是唐朝歷代皇帝中一個比較有作為的皇帝，因此被後人稱為「小太宗」。另外，唐宣宗還趁吐蕃、回紇衰微，派兵收復了河湟之地，平定了吐蕃，名義上打通了絲綢之路。無奈大中年間唐朝已積重難返，國力衰退、社會經濟千瘡百孔，只依靠統治階級枝枝節節的改革已無法改變唐帝國衰敗之勢。大中十三年（859 年）冬，浙東農民裘甫帶領五百農民起義，起義軍後發展至五十萬人，為唐末大規模農民起義打下了基礎。傳說宣宗繼位之前，為逃避唐武宗的迫害，曾當過和尚，所以對佛教極力推崇，據說曾在大中七年（853 年）大拜釋迦牟尼的舍利。大中十三年，唐宣宗去世，享年 50 歲，諡號聖武獻文孝皇帝。

李忱的裝傻功夫可說是爐火純青，他自信沉著地演了 36 年戲，將愚不可及的形象深入人心，在保全自己的同時，用內智成就了一番偉業。

古人云：「鷹立如睡，虎行似病，正是其攫鳥噬人的法術。故君子聰

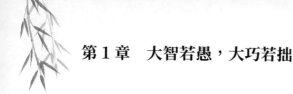

明不露，才華不逞，才有任重道遠的力量。」這大概可以詮釋「大智若愚，大巧若拙」這句話的具體含義。一般來說，人性都是喜直厚而惡機巧的。胸有大志的人，為了達到自己的目的，就必須機巧權變，尤其是當他所處的環境並不如意時，那就更要既弄機巧權變，又不能為人所厭惡，所以就有了鷹立虎行如睡似病的外愚內智處世方法。

愚者人笑之，聰明者人疑之。聰明而愚，其大智也。

▎處世莫若養「木雞」

智和愚對人的一生影響極大。「聰明一世，糊塗一時」，說聰明人有時也會辦蠢事；「大智若愚」、「難得糊塗」，說確實聰明的人往往表面上愚笨，這是一種智慧人生，可說是真人不露相，而「聰明反被聰明誤」則是給了耍小聰明者的教訓。

老子是第一個推崇為人處世要「愚」的思想家，在《老子‧道德經》中，有以下文字：

大成若缺，其用不弊。大盈若沖，其用不窮。大直若離，大辯若訥，大巧若拙，其用不屈。

老子的話可以這樣理解：至臻至善的東西好像有殘缺，但它的作用不會衰竭；最充實的東西好像空虛，但它的作用不會窮盡；最直的東西好像彎曲、最雄辯的好像口鈍、最靈巧的好似笨拙，但它的作用不會枯竭。

「大智若愚」這句話就是從老子的上述論述中引申出來的。最早從這段話中引申出「大智若愚」這句話的是宋代的著名文學家蘇東坡。宋代文學家、史學家歐陽脩，晚年曾多次要求辭官，到六十五歲那年才被批准。朋友們向他慶賀，蘇東坡也寫了祝賀信給他 ──〈賀歐陽少師致仕啟〉。信中有兩句稱讚歐陽脩的話，說歐陽脩是「大勇若怯，大智如愚」。「大

智如愚」也稱作「大智若愚」。這句話雖然是蘇東坡首次說出來的。但是，明顯是從《老子》「大巧若拙」等句子中脫胎而來的。明朝李昌祖在其所著的《剪燈餘話·青城舞劍錄》中也曾說道：「所謂寓大巧於至拙，藏大智於極愚，天下後世，知其為神仙而已矣！」盛讚老子大直若屈、大辯若訥、大巧若拙的觀點。

「大智若愚」是說有大智大勇的人，總是含而不露，絕無虛狂驕傲之氣，修養達到了很高的境界。成語「木雞養到」說的也是這個意思。據《莊子·達生》記載，春秋時期齊王請紀渻子訓練鬥雞。養了才十天，齊王催問道：「訓練成了嗎？」紀渻子說：「不行，牠一看見別的雞，或聽到別的雞一叫，就躍躍欲試，很不沉著。」又過了十天，齊王又問道：「現在該成了吧？」紀渻子說：「不成，牠心神還相當活動，火氣還沒有消除。」又過了十天，齊王又問道：「怎麼樣？難道還是不成嗎？」紀渻子說：「現在差不多了，驕氣沒有了，心神也安定了。雖有別的雞叫，牠也好像沒聽到似的，毫無反應，不論遇到什麼突然的情況，牠都不動不驚，看起來像隻木雞一樣。這樣的鬥雞，才算是訓練到家了，別的雞一看見牠，準會轉身認輸，鬥都不敢鬥。」果然，這隻雞後來每鬥必勝。後人稱頌涵養高深、態度穩重、大智若愚的人，就用「木雞養到」來形容。唐代詩人張祜在〈送韋正字赴制舉〉一詩中就曾經寫道：「木雞方備德，金馬正求賢」，稱頌韋正字品德修養和學識高深。

備受古人推崇的「木雞」，在今天卻被大多數人視如敝屣。浮躁的空氣彌漫在各個角落，虛榮的塵土蒙蔽了許多眼睛。在我們的周圍，不少有把一分才能當成十分使、把一分才能當成百分吹的人。他們喜歡招搖過市，把自己擅長的技能在眾人面前顯示，以此招攬別人的羨慕與寵愛。他們生怕別人不知道自己的小聰明與小技能，也害怕被別人當作傻瓜，才會

17

第1章　大智若愚，大巧若拙

上演一幕幕引火自焚的悲劇。在報上曾見到一則讓人唏噓的消息，說的是在農村裡有一個愛好虛榮的少年，在與鄰村的年輕人一起喝酒時，為了掩蓋自己的貧窮，騙人說自己的包包裡有五萬元現金，結果他的酒友們受錢財的誘惑而起邪念，用一把大鎚子將他敲打致死，但是從他的包包裡只找到兩塊錢而已。由此可見，虛榮心也會引來危險，即使有時一招得逞，或一時得勢，但終究是自作聰明，只有沒有智慧的人才會做出這樣的蠢事。

沒有本事的人，要達到自己的目的，就只能耍小聰明或鋒芒畢露、虛張聲勢。然而，真正的修練之人是沒有虛榮心的。他們不計較人世間的得失，不管吃多大的虧都是笑呵呵的。外表看起來就像愚人一樣，在其內心深處則知法明理，嚴格要求自己心性的提高，說話做事皆合乎道與義，不自誇其智、不露其才。不妄加評論他人之長短，凡事忍讓、不驕不餒，那是一種遠遠高出世人的處世境界。

智與愚的深奧處常需久經世事後才能體悟。所謂「樹大招風」、「人怕出名豬怕肥」，拋棄其消極態度，這些話的確自有洞察事物的智慧包含其中。

東漢時，北海王劉睦，好讀書、禮賢下士，深得光武帝喜愛。當時，他的手下到京城去，他召見其問道：「如果皇上問起我來，你將怎麼說呢？」

使者說：「大王忠順孝悌、慈仁善良、敬重賢人，臣敢不如實匯報嗎？」

劉睦於是說：「你這樣說，我就危險了。如果你為我打算的話，只能說我自從繼承王位以來，意志衰退、聲色是誤、狗馬是好。這樣，我才能免遭禍患。」

劉睦會這樣，是因為他深知隱其鋒芒、顯示愚拙的作用。對於皇帝之子，威望越高，皇帝越有戒心。此點，劉睦可是知之甚深、體驗頗多。

　　對於追求功名、建立自我價值並得到承認的為政者，對這樣的話可能會覺得逆耳，但除去時代造成的那些糟粕，而求其精華，其可取之處也是顯而易見的。

　　良賈深藏若虛，君子盛德容貌若愚。

▌做人不可太聰明

　　《孟子・盡心章句下》中說：只有點小聰明而不知道君子之道，那就足以傷害自身。盆成括做了官，孟子便斷言他的死期到了。沒想到，盆成括果然被殺了。孟子的學生問孟子如何知道盆成括必死無疑，孟子說：盆成括這個人有點小聰明，但卻不懂得君子的大道。這樣，小聰明也就足以傷害他自身了。小聰明不能稱為智，充其量只是知道一點小道末技。小道末技可以讓人逞一時之能，但最終會禍及自身。《紅樓夢》中的王熙鳳，機關算盡太聰明，反誤了卿卿性命，聰明反被聰明誤就是這個意思。只有大智才能使人伸展自如，只有大智才是人生的依憑。

　　「古今得禍，精明人十居其九」。楊脩恃才放曠，最終招致殺身之禍。他的才華，在大智者看來，其實只是小聰明。大智者雖心裡明白卻不隨便表露出來，絕不是表現比別人聰明。如果楊脩知道他的聰明會為他帶來災禍，他還會耍小聰明嗎？所以他的愚蠢處就在於他不知道自己的聰明一定會招來災禍。這樣的人是聰明嗎？顯然不是。多年中，他被提拔得很慢，顯然是曹操不喜歡他的緣故，對此他沒有意識到。曹操對他厭惡，疑心越來越深，他也沒有意識到。這就是說，該聰明的時候他反倒真糊塗起來了。如果他能迎合曹操不表現他的聰明，或適時適地適量地表現才能，那麼他很可能會成功。人們也許會認為楊脩的死，關鍵在於曹操的聰明和他的多疑。但是換了誰，哪一個上級會願意讓部下知道他的心思和用意呢？

第 1 章　大智若愚，大巧若拙

很顯然楊脩最終非失敗不可，這可說是「聰明反被聰明誤」的典型。羅貫中說他「身死因才誤，非關欲退兵。」也只是說對了一半。他的才華太外露了，從謀略來看，尚不是真才，亦不是大才，那麼除了災禍降臨，他還會有什麼結果？曹操是何等聰明之人，笨蛋當然不會受重用，才能太露又有「功高蓋主」之嫌，不但不會受重用，還會引來災禍，所以真正聰明的人會掌握「分寸」。凡事過猶不及，也就是說，太聰明反倒不如不聰明，實在是至理名言啊！

明代大政治家呂坤以他豐富的閱歷和對歷史人生的深刻洞察，寫出了《吟呻語》這一千古處世奇書，書中說了一段十分精闢的話：「精明也要十分，只須藏在渾厚裡作用。古今得禍，精明人十居其九，未有渾厚而得禍者。今人之惟恐精明不至，乃所以為愚也。」

這就是說，聰明是一筆財富，關鍵在於使用。財富可以使人過得很好，也可以使人毀掉。凡事總有兩面，好的和壞的、有利的和不利的。真正聰明的人會使用自己的聰明，那主要是深藏不露，或者不到刀刃上、不到火候時不要輕易使用，一定要貌似渾厚，讓別人不眼紅。一味耍小聰明，其實是笨蛋。因為那往往是招災惹禍的根源，無論是從政、經商、做學問，還是治家務農，都不能耍小聰明。

西方有這樣一種說法：法蘭西人的聰明藏在內，西班牙人的聰明露在外。前者是真聰明，後者則是假聰明。法蘭西斯‧培根（Francis Bacon）認為：不論這兩國人是否真的如此，但這兩種情況是值得深思的。他指出：「生活中有許多人徒然具有一副聰明的外貌，卻並沒有聰明的實質 —— 小聰明，大糊塗，冷眼看看這種人怎樣機關算盡，辦出一件件蠢事，實在是令人好笑。例如：有些人似乎是那樣擅於保密，而保密的原因，其實只是因為他們的貨色不在陰暗處就拿不出手……這種假聰明的人

為了騙取有才幹的虛名，簡直比破落子弟設法維持一個闊面子詭計還多。但這種人，在任何事業上也是言過其實、不可大用的。因為沒有比這種假聰明更誤大事的了。」

道理就是這麼簡單。一個不知道「急流勇退」的人實在是一個傻瓜，一個機關算盡的人最終會被算到自己身上。俗語云：「搬石頭砸自己的腳」，正好是「聰明反被聰明誤」的絕佳寫照。

精明也要十分，只須藏在渾厚裡作用。古今得禍，精明人十居其九，未有渾厚而得禍者。今人之惟恐精明不至，乃所以為愚也。

▌能而示之以不能

《孫子兵法》中說：「兵者，詭道也。故能而示之不能，用而示之不用，近而示之遠，遠而示之近。」

兩軍對壘，聰明的將帥總以假像造成敵人的錯覺，能而示敵以不能，使敵人鬆懈戒心，而自身卻在積極準備、伺機制敵。本來能攻能守、有戰鬥力，卻故意裝作不能攻、不能守、沒有戰鬥力的樣子，只是為了最後一舉成功。

春秋戰國時期，吳國名將伍子胥的朋友要離，雖然又瘦又小，卻是個無敵的擊劍高手。他和別人比劍時，總是先取守勢，待對方發起攻擊，眼看那劍快靠近他的身體時，才輕輕一閃，靈巧地避開敵人的劍鋒，然後突然進攻，刺中對手。

伍子胥向他請教取勝的訣竅，要離說：「我臨敵先示之以不能，能驕其志；我再示之以可乘之利，以貪其心，待其急切出擊而空其守，我則乘虛而突然進擊。」

三國時的張飛，是以嗜酒成癖而著稱的，這是他的一大弱點，經常因

此誤事。但這弱點也幫助了自己。在硬仗面前，張飛偶爾利用自己逢酒必喝、喝酒必醉、醉必打人的形象，麻痺敵人的警惕神經，誘使其上當受騙。一次，張飛在巴西一帶戰敗張郃之後，乘勝追擊，一直趕到宕渠山下。張郃利用有利的地勢據山守寨，堅持不出，五十多天，相持不下。張飛見狀，就在山前紮住大寨，每日飲酒；飲至大醉，又坐在山前辱罵。劉備得知後，大驚失色，急忙找諸葛亮討論。諸葛亮不但不驚慌，反而立刻派人送三車好酒過去，還在車上插著「軍前公用美酒」的大旗。張飛得到美酒後，不但自己喝，還把美酒擺在帳前，令軍士開懷暢飲。

那張郃在山上見此情景，以為張飛大寨全變成了醉鬼的天下，再也按捺不住殺敵的心情，就趁著夜晚帶兵下山，直襲蜀營。當他衝到張飛的大寨時，見到帳中端坐著一位大漢，舉槍就刺，誰知竟是一個草人！等他知道中了張飛的埋伏時，已經晚了，結果被打得大敗。

能而示之以不能，是相互關聯，互為條件的。有能示不能，不能是假，能是本質，是基礎。這樣才能在敵方麻痺時伺機攻擊，戰而勝之。運用這一大智若愚術，是建立在對戰爭全域的全面把握基礎之上的，不是消極的，而是積極主動的。在現實生活中，為了達到「制敵而不致於敵」的目的，也常採用這種方法。

日本的著名拳擊手輪島功一曾經有過這麼一段故事。由於前次的不幸失敗而失去拳王寶座的他，決心在下回比賽中奪回冠軍，於是宣布要向上屆冠軍挑戰。但是很不巧，在比賽前夕召開的記者招待會上，這名拳擊手居然穿著厚重的大衣，還戴著口罩，不斷咳嗽，神情顯得異常憔悴，使在場的記者十分不安。他們心想：在此重大比賽的前夕，這位拳擊手的身體竟然是這種狀況，真是太糟糕了。

相反地，功一的對手，身強體壯，一副自信滿滿的樣子，人們都一致

認為這場比賽的勝利非他莫屬。然而,比賽的結果竟然出乎大家預料,拳王寶座竟然被功一成功奪回。這到底是怎麼回事?原來,在比賽的記者招待會上,功一不過是在「演戲」而已,其目的是要鬆懈對手的戒心。

由此可見,生活中無論何種挑戰,其道理都是一樣的。如果要鬆懈對手的警戒心理,就要善於運用「能而示之以不能」的大智若愚術。縱使自己具備了十分有利的條件,也萬不可輕易地將它顯示出來。如此,則凡事勝算大增。

聰明聖知,守之以愚;功被天下,守之以讓;勇力撫世,守之以怯;富有四海,守之以謙。此所謂大智慧也。

裝傻自有好運來

看古典小說《紅樓夢》後,特別佩服薛寶釵的謀略,其待人接物極有講究,且善於從小事做起:元春省親與眾人共敘同樂之時,制一燈謎,令寶玉及眾裙釵粉黛們去猜。黛玉、湘雲一千人等一猜就中,眉宇之間甚為不屑,而寶釵對這「並無甚新奇」、「一見就猜著」的謎語,卻「口中少不得稱讚,只說難猜,故意尋思」。有專家一語破「的」,此謂之「裝愚守拙」,因其頗合賈府當權者「女子無才便是德」之訓,實為「好風憑藉力,送我上青雲」之高招。

看《射鵰英雄傳》時,忽然發現,郭靖之所以成為郭靖,並不只是因為黃蓉,而是他的傻。在他成功的道路上,有無數善良的人心甘情願地為他當墊腳石,黃蓉只是最大的那一塊而已。

想想看,他四肢發達、頭腦簡單,所有的聰明人都把他當成弱者,忙不迭地為他出謀劃策,江南七怪為他貢獻了下半輩子,全真派老道守著內功心法不肯指點梅超風,可是卻不惜千里到他身邊手把手地教他,九陰真

經、降龍十八掌是人人都想要的，卻無一例外落到他的手上。

人們常說：傻人有傻福。為什麼呢？因為無論是聰明人還是傻人，都喜歡照顧傻人。

小陳和小張一起進了公司。小陳是農村孩子，辛辛苦苦考上了城市裡的大學。他第一次坐火車上學時，是他爸爸騎腳踏車把他送到車站的；小張是城市小孩，很會讀書且技能多樣，看起來就是精明能幹的樣子。兩人進了同一個部門，遇到的是同一個部門經理，待遇卻截然不同。

經理覺得小陳實在是不容易，所以不忍心打擊這個艱難長大的孩子。小陳效率低，因為他不熟悉城市裡的生活方式；小陳業績差，因為他在這裡沒有根基。但是，小陳謙虛、誠懇，看見部門經理立刻把她當成了大人物，態度恭敬、為人熱情，這些都在安慰著部門經理在職場上已經滄桑的心。

小張很敬業，工作很快上手，成績斐然。可是，經理覺得這是應該的，如果小張犯了一點錯誤，經理便說：「小張，這種錯誤妳也會犯？虧妳長著一張聰明的臉。」小張有點嬌氣，且大二就開始在大公司實習的她見過不少大人物，一個小小的部門經理還不足以讓她崇拜，所以遇到經理責備她時，臉色就有點難看。她的臉色難看，經理的臉色自然也好看不了。於是，經理每次派給小陳的工作總是比小張的簡單，因為他能力有限。工作業績評估的時候，小張聽到的讚美也沒有小陳多，因為小陳的態度好，這使小張有點不甘心。其實小張應該看開一點，黃蓉的資質多好，洪七公就是沒有把降龍十八掌傳給她，到了《神鵰俠侶》的時候，還差點變成一個壞人，她不是比小張還冤枉嗎？

看似聰明的人成功的確會難一點，因為你還沒開口，別人已經把你當成了假想敵。和防備著你的人合作總是有點困難，或者周圍的人覺得你有

不錯的資質，對你的期望過高也是一種阻力，因此你讓他們失望的機率會更高。如此看來，人還是傻一點好，不夠傻的話，就裝裝傻吧！

裝傻，看似愚笨，實則聰明。人立身處事，不矜功自誇，可以很好地保護自己，即所謂「藏巧於拙，用晦而明」。

人人都想表現聰明，裝傻似乎是很難的，這需要有傻的胸懷風度。既能夠傻，又愚得起。《菜根譚》說：「鷹立如睡，虎行似病。」也就是說老鷹站在那裡像睡著了，老虎走路時像有病的模樣，這就是他們準備捕捉獵物吃人前的手段，所以一個真正具有才德的人要做到不炫耀、不顯才華，這樣才能好好地保護自己。

古時有「扮豬吃老虎」的計謀，以此計施於強勁的對手，在其面前盡量收斂自己的鋒芒，「若愚」到像豬一樣，表面上百依百順，裝出一副為奴為婢的卑恭，使對方不起疑心，一旦時機成熟，即一舉把對手了結。這就是「扮豬吃老虎」的妙用。不過，裝傻實在是一門高超的大智若愚術，它需要出色的表演才能。拿出來表演，只不過是為了愚人耳目，真功夫卻不可告人。不是裝瘋、裝啞、裝傻，就是裝不知道。宗旨只有一個，那就是掩藏真實目的；要求也只有一個，就是逼真，讓旁觀者深信不疑。

既是演戲，除了演技之外，最重要的是自信。自信自己會成功，自信自己的確能愚人耳目，自信自己演技勝過別人。這樣，演起戲來才會面不改色心不跳、沉著冷靜、應付自如，彷彿完全進入角色。

孔子年輕的時候，曾經受教於老子。當時老子曾對他說：「良賈深藏若虛，君子盛德容貌若愚。」即善於做生意的商人，總是隱藏其寶貨，不令人輕易見之，而君子之人，品德高尚，而容貌卻顯得愚笨。其深意是告誡人們：過分炫耀自己的能力，將欲望或精力不加節制地濫用，是毫無益處的。

第 1 章　大智若愚，大巧若拙

　　中國古時的商店裡，在店面是不陳列貴重貨物的，老闆總是把它們收藏起來。只有遇到有錢又識貨的人，才告訴他們好東西在裡面。假如隨便將上等商品陳列在商店裡，便容易引來小偷。不僅是商品，人的才能也是如此。俗話說：「滿招損，謙受益」，才華出眾而又喜歡自我炫耀的人，必然會招致別人的反感，吃大虧而不自知。所以，無論才能有多高，都要善於隱匿，即表面上看似沒有，實則充滿的境界。所以，聰明不露，才有任重道遠的力量。人們不論本身是機巧奸猾還是忠直厚道，幾乎都喜歡傻呼呼、不會弄巧的人，這並不因人的性情而改變。所以，要達到自己的目標，沒有機巧權變是不行的。要學會裝傻、懂得藏巧，不為人所識破，也就是大智若愚。

　　諱貧者，死於貧，勝心使之也；諱病者，死於病，畏心蔽之也；諱愚者，死於愚，痴心覆之也。

第 2 章
糊塗有利，認真無益

　　為人處世，精明幹練者固然不乏其人，但事事繁雜，又並非件件分明、處處清楚？聰明時常有偏見，糊塗處世更顯圓融。因此古人認為：處世之策，糊塗為好。因為在糊塗的背後，隱含的是大智慧。

▌楔子

　　呂蒙正在宋太宗、宋真宗時三次任宰相。他為人處世有一個特點：不喜歡把人家的過失記在心裡。他剛任宰相不久，有次上朝時，一個官員在簾子後面指著他對別人說：「這個無名小子也配當宰相嗎？」呂蒙正假裝沒有聽見，就走了過去。

　　有的官員為呂蒙正感到忿忿不平，準備要查問這個人的名字和擔任什麼官職時，呂蒙正急忙制止了他們。

　　退朝以後，有個官員的心情還是平靜不下來，後悔當時沒有及時查問清楚。呂蒙正卻對他說：「如果知道了他的姓名，那麼我可能一輩子都忘不掉。寧可糊塗一點，不要去查問他，這對我有什麼損失呢？」當時的人都佩服他氣度恢弘。

　　有位智者說：如果大街上有人罵他，他連頭都不會回，因為他根本不想知道罵他的人是誰。因為人生如此短暫且珍貴，要做的事情太多，何必為了這種令人不愉快的事情浪費時間呢？這位先生的「糊塗功」的確修練得頗有城府了，知道該做什麼和不該做什麼；知道什麼事情應該認真，什麼事情可以不屑一顧。要真正做到這一點是很不容易的，需要經過長期的磨練。如果我們明白了哪些事情可以不認真，可以敷衍了事，我們就能空出更多的時間和精力，全力以赴去做該做的事，這樣我們成功的機會和希望就會大大增加。與此同時，由於我們變得寬宏大量，人們也會樂於與我們交往，建立人脈也會更加順暢，事業亦伴隨他人的幫助與扶持慢慢走向成功。在享受友情、親情的同時，體驗著成功的種種快樂，真是一件幸福的事。

隨方就圓

　　東晉的元老重臣王導，晚年耽於聲色、不理政事，手下人怨聲四起，說他老邁無用，而王導自言自語道：「人言我憒憒，後人當思此憒憒。」意思是說：現在社會上的人說我昏聵無能，然而後代人將會因我現在的昏聵無能而感謝我。為何這樣說呢？

　　原來五胡亂世之後，大批北方人移居到南方，既為南方帶來了先進的生產技術，也帶來了秩序上的混亂。東晉立國之初，政局極為混亂，皇帝被權臣匆忙換下來，王導曾被皇帝戲邀共登龍床，幸好他聰明，趕快謝絕。手下權臣之間互相毀謗排擠，士族與庶族之間互不通婚、互不往來，士族子子孫孫享受高官厚祿，庶族世代居下，兩個階層矛盾極深。北方人南下，勢必要侵擾南方人的利益，形成南北之爭，加上北方胡人常來侵擾，民心甚為不安。這一切對王導來說，簡直就是剪不斷，理還亂，甚至是越理越亂，因為只要他偏袒任何一方，都可能引起雙方大的爭鬥，從而影響到政局的穩定。立國之初，根基實在不穩，只見他為了穩坐本位，無為而治，做和事佬。爭鬥的雙方勢力此消彼長後，政局也就慢慢穩定下來了。他死後，東晉慢慢恢復生產，有了一定的中興氣象，難怪後代史家都評論此人是個聰明官。

　　為了保存實力，達到向上升的目的，有時不得不裝聾作啞。孫子說：「渾渾沌沌，形圓而不可敗也。」人際交往中也存在著「形」的問題，運用「形圓」的心術，關鍵要懂得「形」的作用，外圓而內方。圓，是為了減少阻力，是方法、立世之本、實質。

　　船體，為什麼不是方形而是圓弧形的呢？那是為了減少阻力，更快地駛向彼岸。人生也像大海，交際中處處有風險，時時有阻力。我們是與所有的阻力較量，拼個你死我活，還是積極地排除萬難，去爭取最後的勝利？

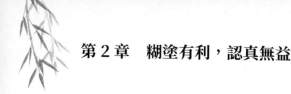

第 2 章　糊塗有利，認真無益

　　生活是這樣告訴我們的：事事計較、處處摩擦者，哪怕壯志凌雲、聰明絕頂，如果不懂「形圓」，缺乏駕馭感情的意志，往往會碰得焦頭爛額，一敗塗地。赫赫有名的蜀國名將關羽，就是一個典型的例子。

　　如果說關羽的武功蓋世，沒有人會懷疑。「溫酒斬華雄」、「過五關斬六將」、「單刀赴會」等等，都是他的英雄寫照。但他最後卻敗在一個被其視為「孺子」的吳國將帥之手。究其原因，是他不懂心術，不懂「形圓」。他雖有萬夫不當之勇，但為人心胸狹窄、不識大體。除了劉備、張飛等好朋友之外，其他人都不放在眼裡。他一開始就排斥諸葛亮，是劉備說服他，接著排斥黃忠，後來又和部下麋芳、傅士仁不和。他最大的錯誤是和自己國家的盟友東吳鬧翻，破壞了蜀國「北拒曹操，東和孫權」的策略。在與東吳的多次外交鬥爭中，憑著一身虎膽、好馬快刀，從不把東吳人放在眼裡，包括孫權亦是，不但公開提出荊州應為蜀國所有，還侮辱孫權等人，稱其子為「犬子」，使吳蜀關係不斷惡化。最後，東吳一個偷襲，使關羽地失人亡。

　　《菜根譚》中說：「建功立業者，多虛圓之士。」意思是建大功立大業的人，大多都是能謙虛圓融的人。

　　北宋名相富弼年輕時，曾遇到過這樣一件事，有人告訴他：「某某罵你。」富弼說：「恐怕是罵別人吧！」這人又說：「叫著你的名字罵的，怎麼是罵別人呢？」富弼說：「恐怕是罵與我同名字的人吧！」後來，那位罵他的人，聽到這件事後，慚愧得不得了。明明被人罵卻認為與自己毫無關係，並使對手自動「投降」，這可說是「形圓」之極致了。富弼後來能當上宰相，恐怕與他這種高超的「形圓」處世藝術很有關係。但富弼又絕不是那種是非不分、明哲保身的人。他出使契丹時，不畏威逼，拒絕割地的要求。在任樞密副使時，與范仲淹等大臣極力主張改革朝政，因此遭

謗，一度被摘去了「烏紗帽」。

在現實生活中，每個人都會面臨許多人際間的矛盾，如何處理呢？

富弼為我們建立了很好的榜樣，就是做人既要外形「圓滑」、心胸豁達、與人為善，又要內心「方正」、堅持原則，維護自己的獨立人格。

糊塗之理正是一種隨方就圓、遊刃有餘的人生智慧。水自漂流雲自閒，花自零落樹自眠。於狹窄處，退一步，糊塗一事，得一人生寬境；遇崎嶇時，讓三分，糊塗一時，開一人生坦途。於是，糊塗成了人生的潤滑劑，智者抽身來，抽身去，出世、入世，均通達無礙了。

糊塗是一種大智，縱日可及三千里，才能忍得住閒氣、小辱，才能甘之若飴，從中得到滋養；糊塗是一種大智，能容納天地，才能不為名利，懂取捨知進退，在生活中左右逢源；糊塗是一種大智，是一種能看透世事，也能突破自己的大智，即使戴著假面具，也不怕丟失自己。

糊塗是一盞紙燈籠，智慧是點燃的燈火。燈亮著，燈籠也亮著，便好照路；燈熄了，它也就如同深夜一般漆黑了。

虛己處世

虛 —— 天地之大，以無為心；聖人雖大，以虛為主。有道是虛己待人就能接受人，虛己接物就能容納萬物，虛己用世就能圓融於世。只有先虛己，才能承受百實，也能化解怨恨。虛己是處世求存的良策之一，人能虛己無我，就能與人無爭、與物無爭，而不爭功反能撫育萬物。如水一般滋養萬物，不爭反而全獲得，不爭之爭，方為上策。

虛而不實、不爭，才不致受外物誘惑，才能保持真我，而不迷失自己，而虛己能讓自己不存心機、淡泊無爭，也能保留迴旋的餘地，任憑紛爭無限，皆可全身而存。

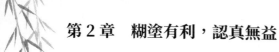

第 2 章　糊塗有利，認真無益

　　「虛」能不驕，接受萬事萬物的挑戰，從中接受有益的養分來滋養自身、充盈自我。虛懷若谷，就是不自負、不自滿、不固執、不拘泥、不武斷，能學習他人之長處，能反省自己之短處，這樣他人才會樂意幫助你，這樣離成功便不遠了。

　　老子說：「道是看不見的虛體，寬虛無物，但它的作用卻無窮無盡，不可估量。它是那樣深沉，好像是萬物的主宰。它磨掉了自己的銳氣，不露鋒芒，解脫了紛亂煩擾，隱蔽了自身的光芒，把自己混同於塵俗。它是那樣深沉而無形無象，好像存在，又好像不存在。」老子又說：「聖人治理天下，是使人們頭腦簡單、淳樸，填滿他們的肚腹，削弱他們的意志，增強他們的健康體魄。盡力使心靈的虛寂達到極點，使生活清靜、堅守不變。使萬物都一齊蓬勃生長，從而考察它往復的道理。」這些都說明了靜與虛的大作用。從道家的觀念看來，他們處世，貴在「以虛無為根本，以柔弱為實用。隨著時間的推移，因順萬物的變化」。

　　虛就能容納萬事萬物，無就能生長、變化，柔就不剛而能圓融，弱就不爭勝而可持守。隨著時間的推移，能不斷地變化而自省、順應萬物、和諧相處。虛已待人就能接受他人，虛己接物就能容納萬物，虛己用世就能轉圓於世，虛己用天下就能包容天下。

　　虛己的能量，大則能容納世界，小則能保全自身。虛戒極、戒盈，極而能虛就不會傾斜，盈而能虛就不會外溢。

　　身處高位而倚仗權勢，足以引來殺身之禍。胡惟庸、石亨就是這樣的人。有才華而不謙虛，足以引來殺身之禍，盧楠、徐渭就是這樣的人。積財而不肯濟貧，足以招殺身之禍，沈季、徐百萬就是這樣的人。恃才妄為，足以招殺身之禍，林章、陸成秀就是這樣的人。肆意發表言論，足以招殺身之禍，李贄、達觀就是這樣。反之，就能避免災禍，這些人的後果

都是不能虛己造成的。

鯤鵬歇息六個月後，振翅高飛，能扶搖直上九萬里。做官不懂息機，不撲則蹶。所以說知足不會受辱，知止沒有危險。貴極徵賤，賤極徵貴，凡事都是如此。到了最極端而不可再增加，勢必反輕。居在局內的人，應經常保留迴旋的餘地。伸縮進退自如，就是處世的好方法。

能夠虛己的人，自然能隨時培養自己的機息，處處保留迴旋的餘地，不僅能全身，而且還可以培養自己的度量。

虛己處世，千萬求功不可占盡，求名不可享盡，求利不可得盡，求事不可做盡。如果自己感覺到處處不如人，便要處處謙下退讓；若自己感覺到處處不自足，便要處處恬退無爭。

歷史記載：東漢時期建初元年（西元 76 年），肅宗即位，尊立馬氏為太后，準備對幾位舅舅封爵位，太后不答應。第二年夏季大旱災，很多人都說是不封外戚的原因。太后下詔諭說：「凡是說及這件事的人，都是想獻媚於我，以便得到福祿。從前王氏五侯，同時受封，黃霧四起，也沒有聽說有及時雨來回應。先帝慎防舅氏，不准居於重要的位置，怎麼能以我馬氏來對比陰氏呢？」太后始終堅決不同意。肅宗反復看詔書，很是悲嘆，便再請求太后。太后回道：「我曾經觀察過富貴的人家，祿位重疊，好比結實的樹木，它的根必然受到傷害。而且人之所以希望封侯，是想上求祭祀，下求溫飽。現在祭祀則受四方的珍品，飲食就受到皇府中的賞賜，這還不滿足嗎？還想得到封侯嗎？」這不僅是馬后能居安思危、處己以虛、持而不盈，而且還能使各位舅氏處於「虛而不滿」之中，以避免後來的嫉妒與傾敗的遠見。在這段話中，還能看到她公正無私、識大體的胸懷。

才在於內，用在於外；賢在於內，做在於外；有在於內，無在於外。這就是以虛為大實，以無為大有，以不用為大用的道理。人們取實，我獨

取虛；人們取有，我獨取無；人們都爭上，我獨爭下；人們都爭有用，我獨爭無用，這是道家處世的妙理。爭取的是小得、小有、小用，不爭的才是大得、大有、大用。

　　所以莊子說：「山上的樹木長大了，自然用來作燃料；肉桂能食，所以遭到砍伐；膠漆有益，所以受到割取；人們都知道有用的作用，而不知道無用的作用。」所以我們不要以精神去尋求利益，不要以才能去尋求事業，不要以私去害公，不要以自己去連累他人，不要以學問去窮究知識，不要以死勞累生。

　　河蚌因珍珠珍貴稀少而受傷害，狐狸因皮毛珍貴而被獵取。有虛己之心的人，應該隱藏起意願而不刻意彰顯，把有形隱藏到無形之中，把自有隱藏到虛無之中，做到如古人說的「大直若屈，大巧若拙，大辯若訥」的境界，才能體會到虛己的妙用。

　　虛己處世，千萬求功不可盡占，爭名不可盡享，求利不可盡得，求事不可盡做。

▌難得糊塗

　　清朝畫家鄭板橋有一方閒章，曰「難得糊塗」，這四個字一經刻出，便立刻成了很多人津津樂道的座右銘。彷彿有許多人生的玄機一下子從這四個字裡折射出了哲學的光輝。

　　在我們身邊，無論同事、鄰里之間，甚至萍水相逢的人，難免會產生些摩擦，引起些煩惱，如若斤斤計較、患得患失，往往越想越氣，這樣不利於身心健康。因此能做到遇事糊塗點，煩惱自然會少很多。

　　人生在世，智總覺短、計總覺窮，紛紛擾擾、熱熱鬧鬧在眼前，又有幾人能看清？常言道：「不如意事總八九，可與人言無二三。」處事立人

總有許多曲曲折折、枝枝節節，即便懷有遠大理想也總是覺得被拘著、束著、擠著、磨著，例如鄭板橋，硬著頭皮做清官、好官，卻屢屢遭貶、被逐，無奈擲印辭官，彈掉幾兩烏紗，自抓一身搔癢，自討幾分糊塗下酒。於是，身心俱輕。正是：行到水窮處，坐看雲起時。此一糊塗，人生境界頓開，之前捨不下的成了筆底煙雲、搞不懂的成了淋漓墨蹟。因此，不得不承認糊塗是一種智慧，猶似霧裡看花、水中望月，徑取朦朧揞眼，而心成閒雲。

有一則外國寓言說：在科羅拉多州長山的山坡上，豎著一棵大樹的殘軀，它已有 400 多年歷史。在它漫長的生命裡，曾被閃電擊中過 14 次，無數的狂風暴雨襲擊過它，它都一動也不動。最後，一小隊甲蟲卻使它倒在了地上。這個森林巨人，歲月不曾使它枯萎，閃電不曾將它擊倒，狂風暴雨不曾使它屈服。可是，卻在一些可以用手指輕輕捏死的小甲蟲持續不斷的攻擊下，終於倒了下來。這則寓言告訴我們，人們要提防小事的攻擊，要竭力減少無謂的煩惱，要「糊塗」。否則，小煩惱有時候是足以讓一個人毀滅的。我們活在世上只有短短的幾十年，不要浪費許多無法補回的時間，去為那些很快就會被所有人遺忘的小事煩惱。生命太短暫了，不要再為小事垂頭喪氣。

「難得糊塗」是一劑處惑之良藥，直切人生命脈。按方服藥，即可貫通人生境界。所謂一通則百通，不但除去了心中的滯障，還可臨風吟唱、拈花微笑、衣袂飄香。

真放肆不在飲酒高歌，假矜持偏於大庭賣弄；看明世事透，自然不重功名；認得當下真，是以常尋樂地。

▌不必認真

　　孟子認為：君子之所以異於常人，便是在於其能時時自我反省。即使受到他人的不合理對待，也必定先躬省自身，自問是否做到仁的境界？是否欠缺禮？否則別人為何如此對待自己呢？等到自我反省的結果合乎仁也合乎禮了，而對方卻仍然未改強橫的態度，那麼，君子又必須反問自己：「我一定還有不夠真誠的地方」，再反省的結果是自己沒有不夠真誠的地方，而對方依舊用強橫的態度對待我，君子這時才感慨地說：「他不過是個荒誕的人罷了！這種人和禽獸又有什麼差別呢？對於禽獸根本不需要斤斤計較。」

　　每個人都生活在社會中，有人的地方自然會有矛盾。有了分歧不知怎麼辦時，許多人選擇爭吵，非論個是非曲直不可。這種做法很不明智，吵架傷了和氣又導致感情出現裂痕，不如大事化小，小事化了。俗話說「家和萬事興」，推而廣之，人和也萬事興。人際交往中千萬不可太計較、不懂變通，裝裝糊塗於己於人都有利。

　　事實上，按照一般常情，任何人都不會把過去的記憶像流水一般地拋掉。就某些方面來講，人們有時會有執念很深的事件，甚至會終生不忘。當然，這仍然屬於正常的行為。人們都了解怨恨會使人沮喪，甚至想報復他人。所以，為了避免招致別人的怨憤或者少得罪人，一個人行事需小心在意。《老子》中據此提出了「報怨以德」的思想，孔子也曾提出類似的話來教育弟子，其目的均是叫人處事時心胸要豁達，以君子般的坦然姿態來應付一切。

　　《莊子》中對如何不與別人發生衝突也作過闡述。有一次，有一個人去拜訪老子。到了老子家中，看到室內凌亂不堪，感到很吃驚。於是，他

大聲咒罵了一通後便揚長而去。翌日，又回來向老子道歉。老子淡然地說：「你好像很在意智者的概念，其實對我來講，這是毫無意義的。所以，如果昨天你說我是馬的話我也會承認的。因為別人既然這麼認為，一定有他的根據，假如我頂撞回去，他一定會罵得更厲害。這就是我從來不去反駁別人的緣故。」

從這則故事中可以得到如下啟示：在現實生活中，當雙方發生矛盾或衝突時，對於別人的批評，除了虛心接受之外，還要養成毫不在意的功夫。人與人之間發生矛盾的時候太多了，因此，一定要心胸豁達、有涵養，不要為了不值得的小事去得罪別人。而且生活中常有一些人喜歡論人短長，在背後說三道四。如果聽到有人這樣談論自己，完全不必理睬這種人，只要自己能自由自在地按照自己的方式生活，又何必在意別人說些什麼呢？

做人固然不能玩世不恭、遊戲人生，但也不能太計較、不知變通。「水至清則無魚，人至察則無友」。太認真了，就會對事事都看不慣，連一個朋友都容不下，把自己與社會隔絕開。鏡子很平，但在高倍放大鏡下，就成了凹凸不平的山巒；肉眼看起來很乾淨的東西，拿到顯微鏡下，滿滿都是細菌。試想，如果我們「戴」著放大鏡、顯微鏡生活，恐怕連飯都不敢吃了，再用放大鏡去看別人的毛病，恐怕許多人都會被看成罪不可赦、無可救藥的了。

人非聖賢，孰能無過。與人相處就要互相諒解，經常以「難得糊塗」自勉，求大同存小異，能夠容人，你就會有許多朋友，並且左右逢源，諸事遂願；相反，過分挑剔，「明察秋毫」，眼裡容不下半粒沙子，什麼雞毛蒜皮的小事都要爭個是非曲直，容不得人，人家也會躲你遠遠的。最後，你只能關起門來，一個人孤孤單單的，成為使人避之唯恐不及的異己

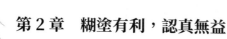

之徒。古今中外，凡是能成大事的人都具有一種優秀的品格，就是能容人所不能容，忍人所不能忍，善於求大同，存小異，團結大多數人。他們具有寬闊的胸懷，豁達而不拘小節；大處著眼而不會目光短淺，從不斤斤計較，糾纏於非原則的瑣事，所以他們才能成大事、立大業，使自己成為不平凡的人。

　　要求一個人真正做到不計較、能容人，也不是簡單的事，首先需要有良好的修養、善解人意的思維方法，並且需要經常從對方的角度設身處地地考慮和處理問題，多一點體諒和理解，就會多一點寬容，多一點和諧，多一點友誼。例如，有些人一旦當了上司，便容不得下屬出半點差錯，動不動橫眉豎目，大聲斥責，使下屬感到畏懼。時間一久，更會讓他內心積怨。許多工作並不是你一人所能包辦的，何必因一點點小錯誤便與人生氣呢？如能調換一下位置，站在他人的立場著想，也許就會理解這種急躁情緒的弊端了。

　　有位同事總抱怨他們家附近賣醬油的店員態度不好，像誰欠了她一大筆錢似的。後來同事的妻子打聽到了女店員的身世。原來，她丈夫有外遇離了婚，母親癱瘓在床，上小學的女兒患氣喘病，每個月只能領兩萬出頭的薪水，一家人住在一間約 4.5 坪的房間。難怪她一天到晚愁眉不展，這位同事從此再不計較她的態度了，甚至還建議大家都幫她的忙，為她做些力所能及的事。

　　在公共場所遇到不順心的事，實在不值得生氣。有時素不相識的人冒犯你，其中肯定是另有原因，不知哪些煩心事使他此時情緒惡劣、行為失控，正好讓你遇到了。只要不是惡語傷人、侮辱人格，我們就應寬大為懷、不以為然，或以柔克剛、曉之以理。總之，沒有必要與這位原本與你無怨無仇的人計較。假如認真起來，大發脾氣，槍對槍、刀對刀地爭鬥起

來，釀出嚴重後果，那就太不值得了。與萍水相逢的陌生人認真，實在不是聰明人做的事。假如對方沒有教養，與其認真就等於把自己降低到對方的水準。另外，從某種意義上說，對方的觸犯是發洩和轉移他心中的痛苦，雖然我們沒有義務分擔他的痛苦，但確實可以用你的寬容去幫助他，使你無形之中做了件善事。這樣一想，也就能容忍他了。

人生有許多事不能太認真，太較勁。特別涉及人際關係，錯綜複雜、盤根錯節。太認真，不是拉著手臂，就是動了筋骨，越搞越複雜，越攪越亂。順其自然，裝一次糊塗，不喪失原則和人格；或為了大家為了以後，哪怕暫時忍一忍，受點委屈也值得，心中有數（樹），就不是荒山。有時候，事情到了這個地步，就玩一次智慧，表面上是「模糊數學」，讓人搞不清楚是怎麼回事，也是「糊塗」。評職、晉級時，某候選人向你面授機宜，請你提供「意見」，你明知道他不夠好，可又不好當面戳破，這時候你怎麼辦？不說話，或嘻嘻哈哈，「畫圈」時再計較，不失原則。當事人若是沒問，就不需要特別告知。若是開口問了，便坦誠指出他不夠好的地方。「糊塗」是既可免去不必要的人事糾紛，又能保持人格純淨的好方法。

「難得糊塗」原本就是緣由「不公平」而發的。世道不公、人事不公、待遇不公，我們不可能剷除種種不公，無能為力就只好祭起這面「糊塗主義」的旗子，為自己遮蓋起心中的不平。假如能像濟公那樣任人說他瘋，笑他癲，而他本人則毫不介意，照樣酒肉穿腸過，「哪裡有不平哪有我」，專挑達官顯貴「找麻煩」，專替窮苦人、弱者討公道，我行我素、自得其樂。這種癲狂，半醒半醉，亦醉亦醒，也不失為一種「糊塗」。

富貴功名、榮枯得喪，人間驚見白頭、詩酒琴書，世外喜逢青眼。

▌學會健忘

　　很多人為記憶而活著，記憶就像一本獨特的書，內容越翻越多，而且描述越來越清晰，越讀就會越沉迷。但是，也有很多人是為健忘而活著的，過去的一切事情對他來說都是過眼雲煙，不計較過去，不眷戀歷史，不翻舊賬，只顧現在。

　　健忘人生未嘗不是一種幸福，因為人生並不像期望的那麼充滿詩情畫意，那麼快樂自在。人生中有許多苦痛和悲哀、令人厭惡和心碎的東西，如果把這些東西都儲存在記憶之中的話，人生必定越來越沉重，越來越悲觀。實際上的情景也正是這樣。當一個人回憶往事的時候就會發現，在人的一生中，美好快樂的體驗往往只是瞬間，占據很小的一部分，而大部分時間則伴隨著失望、憂鬱和不滿足。

　　人生既然如此，健忘有什麼不好呢？它能夠使我們忘掉愁恨和傷心事，減輕我們的心理負擔，淨化我們的思想；可以把我們從記憶的苦海中解脫出來，忘記我們的罪孽和悔恨，乾脆俐落地做人和享受生活。

　　那麼，我們在生活中要學會忘記什麼呢？一要忘記仇恨。一個人如果在腦袋裡種下仇恨的種子，夢裡總是想著怎麼報仇，他的一生可能都不會得到安寧。二要忘記憂愁。多愁善感的人，他的心情長期處於壓抑之中而得不到釋放。愁傷心，憂傷肺，憂愁必然常生病。《紅樓夢》裡的林黛玉不就是如此嗎？在我們生活中，憂愁並不能解決任何問題。三要忘記悲傷。生離死別的確讓人傷心，黑髮人送白髮人，固然傷心；白髮人送黑髮人，更叫人肝腸欲斷。一個人如果長時間沉浸在悲傷之中，會大大的影響身體健康。悲傷也不能解決任何問題，只是為自己、為他人徒增煩惱。逝者長已矣，存者且偷生。理智的做法是應當學會忘記悲傷，盡快走出悲傷，為了他人，也為了自己。

「人生不滿百，常懷千歲憂」，有何快樂可言？生活中有些是需要忘記的。在生活中會「健忘」的人，才活得瀟灑自如。當然，在生活中真的健忘，丟三落四，絕不是件好事。我們說學會「健忘」，是說該忘記時不妨「忘記」一下，該糊塗時不妨「糊塗」一下。

古來大聖大賢，寸針相對；世上閒語，一筆勾銷。

▍糊塗治家

清官難斷家務事，在家裡更不要認真，否則你就愚不可及。老婆孩子之間哪有什麼原則、立場、是非呢？大家都是一家人，為何要用批判的眼光來看問題，分出勝負來，這樣又有什麼意義呢？

人們在公司、在社會上充當著各式各樣的角色，盡職負責的公務員、精明體面的職員、商人，還有老師、工人，但一回到家裡，脫掉西裝、皮鞋，也就是脫掉了你所扮演的這一角色的「行頭」，即社會對這一角色的規範和種種要求，還原了你的本來面目，使你可以輕鬆地享受天倫之樂。假如你在家裡還跟在社會上一樣認真、一樣循規蹈矩，每說一句話、做一件事還要考慮對錯，顧忌這顧忌那的，，那不僅可笑，也會活得很疲累。

我們的頭腦一定要清楚，在家裡你就是丈夫、是妻子、是父母。所以，處理家庭瑣事要採取「糊塗」政策，安撫為主，大事化小，小事化無，拋棄原則，當個笑口常開的和事佬。

具體說來，當丈夫的要寬厚，在錢財方面睜一隻眼，閉一隻眼，大而化之便越得人心。妻子對娘家偏心，也是人之常情，根本不需去計較，那才能顯出男子漢寬宏大量的風度。妻子對丈夫的懶惰等種種難以容忍的缺點，也應採取寬容的態度，切忌嘮叨、嫌東嫌西，也不要在丈夫晚回家或有女性友人打電話找他時，就擺臉色，審問對方。管得越緊，反抗心理越

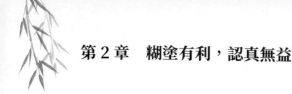

強。索性不管，讓他自由自在。只要妳是個自信心強、有性格、有魅力的女人，丈夫再忙，也不會與妳斷絕聯繫。就怕妳太「認真」了，讓他感覺像是戴著枷鎖過生活，進而對妳產生厭倦，那才會發生真正的危機。家裡是避風的港灣，應該是溫馨和諧的，千萬別把它演變成充滿火藥味的戰場，狼煙四起、雞飛狗跳，關鍵就看妳怎麼去掌握了。

唐代宗時，郭子儀在掃平「安史之亂」中戰功顯赫，成為復興唐室的元勛。因此，唐代宗十分敬重他，並且將女兒升平公主嫁給郭子儀的兒子郭曖為妻。這小倆口都自恃有老爸當靠山，互不服輸，因此免不了口角。

有一天，小倆口因為一點小事爭吵起來，郭曖看見妻子擺出一副高高在上的樣子，根本不把自己放在眼裡，憤怒不平地說：「妳有什麼了不起的，就憑著妳老爸是皇上！老實告訴妳，妳爸爸的江山是我父親打敗了安祿山才保全的，我父親因為看不起皇帝的寶座，所以才沒當這個皇帝。」在封建社會，皇帝唯我獨尊，任何人想當皇帝，就可能遭滿門抄斬的大禍。升平公主聽到郭曖敢出此狂言，一下子找到了出氣的機會，立刻跑回宮中，向唐代宗匯報了丈夫剛才這番圖謀造反的話。她原以為，父皇會因此重懲郭曖，替她出口氣。

唐代宗聽完女兒的匯報，不動聲色地說：「妳是個孩子，有許多事妳還不懂得。我告訴妳吧！妳丈夫說的都是事實。天下是妳公公郭子儀保全下來了，如果妳公公想當皇帝，早就當了，天下也早就不是我們李家的了。」並且對女兒勸慰一番，叫女兒不要抓住丈夫的一句話，亂扣「謀反」的大帽子，小倆口要和和氣氣地過日子。在父皇的耐心勸解下，公主消了氣，主動回到郭家。

這件事很快被郭子儀聽到了，這可把他嚇壞了。他覺得小倆口吵架沒關係，兒子口出狂言，跡近謀反，這實在讓他惱火萬分。郭子儀立刻命人

把郭曖捆綁起來，並迅速到宮中見皇上，要求皇上嚴厲治罪。可是，唐代宗卻和顏悅色，一點也沒有怪罪的意思，還勸慰說：「小倆口吵架，話說得過分點，我們當老人的不要認真了。不是有句俗話嗎：『不痴不聾，不為家翁』，兒女們在房裡講的話，怎能當真呢？我們做老人的聽了，就把自己當成聾子和瞎子，裝作沒聽見就好了。」聽到親家這麼說，郭子儀的心就像一塊石頭落了地，頓時感到輕鬆，一場大禍化作了芥蒂小事。

郭子儀回到家後，將兒子重打了幾十杖。希望他能記取教訓，別再胡說八道了。

在吵架的過程中，容易口不擇言，說出令對方難過的話。如果句句計較，就將沒有停止的一天。唐代宗用「老人應當裝聾作啞」來對待小夫妻吵架，不因女婿講了一句近似謀反的話而無限上綱，化災禍為歡樂，使小倆口重修舊好。有些事情，你硬要去計較，就會愈加麻煩。相反地，你若裝痴作聾、「難得糊塗」、「無為而治」，也許會有滿意的結果。

當然，在家庭生活中，不能一味的糊塗，該明白的時候，也要明白，像丈夫對妻子的關心，如果在一些小的細節表現出來，妻子會感到溫暖、滿足。例如：妻子下班回到家，丈夫遞上一雙拖鞋，或者說一句「辛苦了」都會使妻子感到心裡暖暖的。戴爾·卡內基（Dale Carnegie）說過：「大多數的男人，忽略在日常的小事上表示體貼。他們不知道，愛的失去，全在於那些小小的地方。」所以，在維護夫妻感情的事情上，無論大事還是小事都不應糊塗。

「小事糊塗」絕非事事糊塗、處處糊塗。若是不分青紅皂白、不講原則，別人說什麼都順從，那就真的變成糊塗蛋了。例如：一方道德敗壞、作風腐敗，或者違法犯罪就不要一味遷就，該依法維護自身權利的時候，絕對不能手軟。

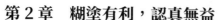

　　總之，「小事糊塗」有益健康，有益家庭和諧。在夫妻之間糊塗一點，大度一點就會使夫妻關係更和諧。糊塗的女人是幸福的女人。同樣地，糊塗的男人也是幸福的男人。

　　觀世態之極幻，則浮雲轉有常情；咀世味之皆空，則流水翻多濃旨。

▍掌握分寸

　　著名女作家羅蘭認為：當一個人碰到感情和理智交戰的時候，常會發現越是清醒，就越是痛苦。因此，有時候對於一些人和事「真是不如乾脆糊塗一點好」。她還認為：一時的糊塗，人人都有。永遠的糊塗就會成為笑話。喜歡故意犯犯錯誤，裝裝糊塗，或雖然無意之間犯下了錯誤，但可以再用自己的聰明去糾正彌補的，那是聰明人；或者我們不妨說，那是聰明而且又有膽量的人。從來不去犯錯誤，也不裝糊塗，一生規規矩矩的人大概是神仙。從來不去犯錯誤，又不知道自己該從糊塗中清醒，或根本不知道怎樣才可以使自己清醒的人，就是傻瓜。英國有位評論家曾說：「智者與愚者都是一樣的愚蠢，其中差別在於愚者的愚蠢，是眾所周知的，唯獨自己不知覺；而智者的愚蠢，是眾所不知，而自己卻十分清楚的。」

　　由此可見，裝糊塗，既是處世的聰明，又是需要勇氣的。很多人一事無成、痛苦煩惱，就是自以為自己聰明，而又缺乏「裝糊塗」的勇氣。當然，在人生的長河中，或者在一些具體的人和事上，假裝糊塗，並不是阿Q式的自我滿足、自我麻醉、自我欺騙。在糊塗與清醒之間，在糊塗與聰明之間，隨時隨地都要注意掌握應有的分寸，知道自己何時該聰明，何時該糊塗。該糊塗的時候，一定要糊塗；而該聰明、清醒的時候，則不能夠再一味地糊裡糊塗，一定要聰明。這實際上也是一個「出」與「入」的問題，知道自己在適當的時候「從糊塗中入，從聰明中出」，或者在適當的

時機「從聰明中入，從糊塗中出」，如此出出入入，由聰明而轉為糊塗，由糊塗而轉為聰明，則必左右逢源，不為煩惱所擾，不為人事所累。

　　所謂「大智若愚」，有十分豐富的內涵。而作為個人來講，若愚，正是大智的表徵或結果。

　　宋代宰相呂端在小事上很會裝糊塗，而在大事上，或需要決斷時又非常聰慧和果敢。關於呂端小事糊塗，有很多故事。所以，當初宋太宗要任用呂端為相時，有人勸告太宗說：「呂端為人糊塗，不可重用。」宋太宗則頗為讚賞他，說：「呂端小事糊塗，大事不糊塗。」於是決定以呂端為相。

　　當宋太宗病危時，內侍王繼恩嫉恨太子英明過人，暗中串通李昌齡等人打算另立楚王元佐為王位繼承人。宰相呂端到宮禁中去探問皇帝的病情，發現太子不在皇帝身邊，懷疑其中有變化，就在笏上寫了「病危」兩個字，命令親近可靠的官員請太子立即入官侍候。太宗死了，李皇后叫王繼恩來召呂端進宮。呂端知道事情有變化，於是哄騙王繼恩，讓他領著進書閣檢查太宗先前所寫的冊立太子的詔書，趁機把他鎖在書閣才入官。皇后說：「皇帝已經去世了，立太子應當立長子，這是順理成章的事。」呂端說：「先帝立太子，就在今天。現在天子剛剛離去，難道可以馬上就違抗天子的命令，在王位繼承人問題上提出別的不同說法嗎？」於是，便擁戴太子繼承王位。宋真宗登上王位後，在進行登基儀式時，天子座位前垂著帷簾接見群臣。呂端平靜地站在殿下，先不拜天子，而是請求天子捲起帷簾，他上殿仔細看過，認清了確實是原太子，然後才下臺階，帶領群臣拜見天子，高呼萬歲。

　　因此，呂端小事糊塗，正是裝糊塗，正是大智若愚，正是不要小聰明，而在關鍵時，才表現出大智的另一面：超凡絕倫的見識與決斷。

第 2 章　糊塗有利，認真無益

　　身要嚴重，意要閒定；色要溫雅，氣要和平；語要簡徐，心要光明；量要闊大，志要果毅；機要縝密，事要妥當。

第 3 章
上善若水，厚德載物

上善若水。水善利萬物而不爭；處眾人之所惡，故幾於道。
居善地，心善淵，與善仁，言善信，政善治，事善能，動善時。
夫唯不爭，故無尤。

第 3 章　上善若水，厚德載物

▌楔子

　　明朝末年，一對外地夫婦在京城開了一家「胡記客棧」。他們資金不多，店面也小小的，由於生意不好，只能慘澹經營著。

　　在胡姓夫婦苦苦支撐著店面的同時，京城裡行乞的一些乞丐，常三五成群登門乞討。胡姓夫婦不像其他老闆一樣，見到乞丐就大聲辱罵，而是笑容滿面，盡可能給乞丐們一些熱騰騰的食物。

　　日子就這樣一天一天地過著。一天深夜，胡記客棧隔壁的一家從事綢緞生意的店忽然失火，大火很快蔓延到胡記客棧。

　　胡姓夫婦急忙安排幾個客人外出躲避，但是根本無法阻止即將蔓延過來的熊熊大火。正當他們束手無策時，只見那群平常天天上門乞討的乞丐不知從哪裡鑽了出來，在老乞丐的率領下，冒著生命危險爬上客棧屋頂。很快地，就掀掉了客棧連接綢緞店的房頂。即便綢緞店燒成了灰燼，大火也沒有擴散到胡記客棧。因為乞丐們的幫忙，客棧只有受到一點小小的損失。

　　火災過後，人們都說這是夫妻倆平時的善行得到了回報，要是沒有那些平時受他們施捨的乞丐們出力，胡記客棧肯定燒得片瓦無存。

　　一個人的德行是他最珍貴的財產，它構成了人的地位和身份，它是一個人在信譽方面的全部財產。它比財富更具威力，它使所有的榮譽都毫無偏見地得到保障，比其他任何東西都更顯著地影響別人對他的信任和尊敬。

　　對於德行的修為，老子認為：上善若水。而《易經》中對德行的修為則為「厚德載物」。

友善待人，平等尊重

《易經》有坤卦，其《大象》曰：「地勢坤，君子以厚德載物」。大意是人有聰明和愚笨，就如同地形有高低不平，土壤有肥沃貧瘠之分。農夫不會為了土壤貧瘠而不耕作，君子也不能為了愚笨不肖而放棄教育。天地間有形的東西，沒有比大地更厚道的了，也沒有不是承載在大地上的。所以，君子處世要效法「坤」的意義，以厚德對待他人，無論是聰明、愚笨還是卑劣不肖的，都應是一視同仁。

與任何人相處，都要平等待人，不高人一等、故作姿態，不自以為是，不要在別人的背後品頭論足、說三道四和指手畫腳，始終保持友好、平等的姿態與對方說話，才不至於傷害他人的面子和自尊心，才有可能與別人保持友好關係，才有助於做好自己的工作和事業。

孟子把「天時、地利、人和」看作是戰爭中的三個要件。其實，戰爭如此，政壇如此，職場如此，人生的成敗也是如此。

「和為貴」，這是古今中外成功者最推崇的處世哲學。《菜根譚》裡這樣寫道：「天地之氣，暖則生，寒則殺。故性氣清冷者，受享亦涼薄。唯和氣熱心之人，其福亦厚，其澤亦長。」

人在社會上或在工作中表現出的人與人之間是一種相互依存的關係，我們不僅肩負著共同的事業，而且也有很多工作必須依靠大家合作才能完成。否則，互相破壞，暗中作梗，想要把一件事情做好是不大可能的。而讓周圍的人都能同心協力、團結合作，自然需要有和諧的氣氛。倘若同事之間情感上互不相容，氣氛上彆扭緊張，就不可能團結一致地完成任務。

當然，每個人都有自己的個性、愛好、追求和生活方式，因各自的教養、教育程度、生活經歷等不同，不可能也沒必要求每個人都與他所待團隊合得來。但是，任何一項事業的成功，都不可能單靠一個人的力量，誰

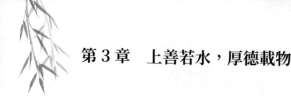

也不願意成為不團結的人，被別人嫌棄而「孤軍作戰」。俗話說「人心齊泰山移」，只要我們團結一致、友善待人，就一定能克服困難。

友善待人、平等尊重，是與人友好相處的基礎。應該主動熱情地與周圍的人接近。如果總是一副冷冰冰的樣子，別人可能會以為你希望獨立，因而不敢來打擾你。不要露出孤芳自賞、自詡清高的態度，讓人覺得你高人一等。別忘了，不平等的態度，永遠不會贏得友誼。

言談舉止也是非常重要的。談話應選擇別人感興趣、有趣的話題，使人覺得你是個聊得來的朋友，只有讓人從你的言談中得到樂趣，別人才會願意與你交談。我們反對一味地迎合別人，但是善意、友好地稱讚會使人愉快，而刻薄、嘲笑會讓人自尊心受到傷害而不願和你接近。

任何人和任何事情都不可能盡善盡美、盡如人意，發現別人的優點，理解到大多數人都是通情達理的，以寬容的態度與人相處。誰都會有不順心的時候，善於控制自己的情緒，約束自己的行為，而在別人產生消極行為和情緒時又能給予諒解，這正是一種有教養的表現，它會使人處處感到你友好的願望。

其實，哪有人難相處，能否友好相處，主要取決於自己。美國出版的《成功的座右銘》一書介紹，一所大學的研究結果說明，顯示真正以友誼待人的態度，60%～90%是可以引起對方友誼的反應的。此項研究的博士說：「愛產生愛，恨產生恨，這句話大致是不會錯的。」與周圍的人保持和氣與友愛，最大的原則是盡量多表揚，少批評或婉轉地批評。

美國一家工程公司的安全協調員，他的職責之一是監督在工地工作的員工戴上安全帽。他說一旦碰到沒有戴安全帽的人，就責備他們，要求他們必須遵守公司的規定。雖然員工接受了他的糾正，卻滿肚子的氣，而且常常在他離開以後，又把安全帽拿了下來。後來，他決定採取另一種方

式，下一次當他發現有人不戴安全帽的時候，他就問他們是不是安全帽戴起來不舒服，或者有什麼不合適的地方。接著再以溫柔的聲調提醒他們，戴安全帽的目的是在保護他們不受到傷害，建議他們工作的時候一定要戴安全帽。後來，遵守規定戴安全帽的人愈來愈多，而且這個方式不會造成憤恨或情緒上的不滿。

平生不做皺眉事，世上應無切齒人。

胸襟寬廣，大度為懷

古人說「有容德乃大」，又說「唯寬可以容人，唯厚可以載物」。從社會生活實踐來看，寬容大度確實是人在生活中不可缺少的品格。做人要有寬廣的胸襟，要有包容平和之心，這不僅是一種魅力，更是社會成功的關鍵因素。

一個以敵視的眼光看世界的人，對周圍的人都戒備森嚴、心胸窄小、處處提防，他不可能擁有真正的朋友，只會讓自己陷入孤獨和無助中；而寬宏大量、與人為善、寬容待人，能主動為他人著想，肯關心和幫助別人的人，則討人喜歡，容易被人接納，受人尊重，具有魅力，因此更有機會體驗成功的喜悅。

在 18 世紀，法國科學家約瑟夫·普魯斯特（Joseph Louis Proust）和克洛德·路易·貝托萊（Claude Louis Berthollet）是競爭對手。他們對於定比定律進行了長達 9 年的辯論，他們都堅持自己的觀點，互不相讓，最後普魯斯特獲得了勝利，成了定比科學定律的發明者。但是，他並未因此得意忘形。他真誠地對貝托萊說：「要不是你一次次的責難，我是很難深入研究定比定律的。」同時，他向眾人宣告，定比定律的發現，有一半功勞是屬於貝托萊的。

第 3 章　上善若水，厚德載物

　　在普魯斯特看來，貝托萊的責難和激烈的批評，對他的研究是一種難得的激勵，是貝托萊在幫助他完善自己。這與自然界中「只是因為有了狼，鹿才奔跑得更快」的道理是一樣的。

　　普魯斯特的寬容是博大而明智的，他允許別人的反對，不計較他人的態度，看到他人的優點，善於從他人身上吸取營養，肯定和承認他人對自己的幫助，正是由於他善於包容和吸納他人的意見，才使自己走向成功。

　　這種寬容實在讓人感動，想到現在學術界中屢見不鮮的相互詆毀、排擠和壓制、爭名奪利等行為，真是讓人倍感難過。

　　著名天文學家第谷・布拉赫（Tycho Brahe）和約翰尼斯・克卜勒（Johannes Kepler）之間的友誼就是一曲優美的寬容之歌。

　　克卜勒是 16 世紀的德國天文學家，在他尚未出名時，曾寫過一本關於天體的書，深得當時著名天文學家第谷的賞識。當時第谷正在布拉格進行天文學的研究，第谷誠摯地邀請素不相識的克卜勒和他一起研究。

　　克卜勒興奮不已，帶著妻子及女兒前往布拉格。沒想到，在路上，貧窮的克卜勒病倒了。第谷得知後，急忙寄錢幫助克卜勒度過難關。後來由於妻子的緣故，克卜勒和第谷產生了誤會，又由於沒有馬上得到國王的接見，克卜勒無端猜測是第谷在暗中破壞，寫了一封信給第谷，把第谷罵了一頓後，就不告而別。

　　第谷是個脾氣很差的人，但是受此侮辱，第谷卻顯得異常的平靜。他太喜歡這個年輕人了，認定他在天文學研究方面的發展將是前途無量的。他立刻吩咐祕書寫信給克卜勒說明事情的始末，並且代表國王誠懇地邀請他再度回到布拉格。

　　克卜勒被第谷的博大胸懷所感動，重新與第谷合作，他們倆合作不久，第谷便重病不起。臨終前，第谷將自己所有的資料和原稿都交給了克

卜勒，這種充分的信任使得克卜勒備受感動。後來，克卜勒根據這些資料整理出行星運動定律，以告慰第谷的在天之靈。

浩瀚如海洋般的寬容情懷，使第谷為科學史留下了一頁光輝的人性佳話。這種寬容像雨後的萬里晴空，清新遼闊、一塵不染。這種寬容像是舐犢情深，對下一輩給予溫暖的關愛和呵護；像是遼闊的大地，讓所有為大地增添美麗生命的物質，都有自己的一片發展天地；亦像是一條鄉間的小河，讓水草悠悠地生長，讓小魚快樂地游來游去。

佛界有一副名聯：「大肚能容，容天下難容之事；慈顏常笑，笑世間可笑之人」。諺語中還說：「將軍額上能跑馬，宰相肚裡能撐船」、「忍一時風平浪靜，退一步海闊天空」，這些話不過是強調為人處事要豁達大度，要奉行寬以待人的原則。也許是昨天，也許是在很早以前，某個人傷害了你的感情，而你又難以忘懷。你自認為不該得到這樣的傷害，因而它深深地留在你的記憶中，在那裡繼續侵蝕你的心。

當我們怨恨敵人時，我們的內心充滿了憤怒，這就等於給了他們制勝的力量，那力量能夠妨礙我們的睡眠、我們的食慾、我們的血壓、我們的健康和我們的快樂。如果我們的敵人知道他們能令我們如此煩惱，令我們產生報復心理，他們一定非常高興。因為心中懷有恨意完全不能傷害到敵人，反而讓我們像活在地獄般苦痛。

威廉·莎士比亞是一個善於寬以待人的人，他說：「不要因為你的敵人而燃起一把怒火，熾熱得燒傷自己。廣覽古今中外，大凡胸懷大志，目光高遠的仁人志士，無不大度為懷，置區區小利於不顧，相反，鼠肚雞腸，競小爭微，片言隻語也耿耿於懷的人，沒有一個是成就大事業的人，沒有一個是有出息的人。」

在待人處事中，度量直接影響到人與人之間的關係是否能和諧發展。

第 3 章　上善若水，厚德載物

人與人之間經常會發生矛盾，有的是因為觀念的不同，有的是因為彼此間一時的誤解。如果我們能夠有寬容的度量，以諒解的態度去對待別人，這樣就能贏得時間，使矛盾得到緩和。反之，如果度量不大，那麼即使是芝麻綠豆小事，相互之間也會斤斤計較，爭吵不休，結果傷了感情，影響了友誼。在這個世界上，我們各自走在自己的人生道路上，紛紛攘攘，難免有碰撞，即使心地最和善的人也難免有傷別人的心的時候。朋友背叛了我們，父母責罵了我們，或愛人離開了我們，都會使我們的心靈受到傷害。

哲學家漢娜・鄂蘭（Hannah Arendt）指出，堵住痛苦回憶的激流的唯一辦法就是寬恕。1983 年 12 月的一天，教宗若望保祿二世（Sanctus Ioannes Paulus PP. II）就寬恕了刺殺他的凶手。對普通人來說，寬恕別人不是一件容易的事情。在一般人看來，寬恕傷害者幾乎不合自然法規。我們的是非感告訴我們，人們必須為自己所做的事承擔後果。但是寬恕則能治療內心創傷，能使朋友之間仇恨消失，相互諒解。

當人們受到不公平的待遇和很深的心靈創傷之後，自然對傷害者產生了怨恨的情緒。一位婦女希望她的前夫和新妻的生活過得不好；一位男子希望那位出賣了他的朋友被解僱，這是典型的怨恨心態。怨恨是一種被動的、具有侵襲性的東西，就像是一個化了膿且不斷長大的腫瘤，使我們失去了笑容，影響了健康。因此，為了我們自己，必須切除怨恨這個腫瘤。

然而怎樣才能切除這個腫瘤呢？

首先要正視自己的怨恨，沒有人願意承認自己經常怨恨別人，所以我們就應該把怨恨埋藏在心底，但怨恨仍然在平靜的表面下奔流，損傷了我們的感情。承認怨恨，就等於強迫我們對扭曲的靈魂進行手術以求早日康復。我們必須承認所發生的一切事情，面對另外一個人直接地說：「你雖然傷害了我，但我願意寬恕你。」

　　麗茲是美國加利福尼亞大學的副教授，是個很稱職的老師。她的系主任答應替她向教務長請求升遷。然而，他口是心非，在向教務長提交的報告中卻批評了麗茲，導致麗茲失去了工作。

　　麗茲恨透了系主任對她的毀謗。但她還需從他那裡得到一份推薦書，才好找工作。系主任對她說：「很抱歉，即便我在教務長面前為妳說了許多好話，但教務長仍不願讓妳升遷。」麗茲假裝相信他的話，但她內心卻無法忍受這口怨氣。一天，她直接和這位系主任吐露了心中的怨氣，而系主任竟否認了這件事，這使麗茲看出他是個多麼可憐多麼卑微的人。於是她決定不再生氣，因為不值得。

　　有人說，麗茲的這種寬恕是軟弱的表現，但也有人不同意這種說法。冤冤相報撫平不了心中的傷痕，它只能將傷害者和被傷害者捆綁在無休止的怨恨戰車上。印度前總理甘地說得好：倘若我們大家都把「以眼還眼」式的正義作為生活準則，那麼全世界的人恐怕都變成瞎子了。有句格言是這樣說的：「我們最終必須與我們的仇敵和解，以免我們雙方都死於仇恨的惡性循環之中。」

　　在同一聯盟內部，寬恕是消除內部矛盾的有效方法；對志趣相投的群體來說，唯有不斷地寬恕，才能取得事業上的共同成功。

　　讓歲月為我們撫平仇恨的傷痕，因為如果我們這樣做的話，我們就不會再深深地傷害自己。讓我們像大地一樣，用寬廣的胸懷去容納一切，承載一切。

　　一個人經歷一次寬容，就會獲得一次人生的亮麗，打開一道愛的大門。

　　攻人之惡，毋太嚴，要思其堪受；教人以善，毋過高，當使其可從。

▌謙遜謹慎，永不自滿

　　老子在說「上善若水，水善利萬物而不爭」時，還進一步闡述了他的觀點：「處眾人之所惡，故幾於道。」所謂「處眾人之所惡」，強調的是要身處大家都不喜歡的低位，也就是講做人要謙遜。如果能做到這些，就差不多參透了處世之道 ——「幾於道」。

　　一個謙遜的人容易受歡迎，因為大家都不希望自己被別人比下去，都希望人與人之間的地位是平衡的。謙遜的人不會讓人感到卑下和失落。不但如此，有時還能讓別人感到高貴，感到比其他人強，即產生任何人都希望能獲得的所謂優越感。這種似乎在貶低自己的「愚蠢」行為，其實得到的更多，如他人的尊重與關照。

　　古希臘哲學家蘇格拉底曾說：「謙遜是藏於土中甜美的根，所有崇高的美德由此發芽滋長。」

　　懂得謙遜就是懂得人生無止境，事業無止境，知識無止境。知之為知之，不知為不知，知不知者，可謂知矣。海不辭水，故能成其大；山不辭土石，故能成其高。有謙乃有容，有容方成其廣。人生本來就是克服了一個又一個障礙前進的，攀登事業的高峰就像跳高，如果沒有往下蹲積聚力量，怎麼能縱身上躍？人生又像一局勝負無常的棋，我們無法奢望自己永遠立於不敗之地。況且，「鶴立雞群，可謂超然無侶矣。然進而觀於大海之鵬，則渺然自小。又進而求之九霄之鳳，則巍乎莫及」。只有建立在謙遜謹慎、永不自滿的基礎之上的人生追求才是健康的、有益的，才是對自己、對社會負責任的，也一定是會有所作為、有所成功的。

　　晉襄公有位孫子，名叫惠伯談，晉周是惠伯談的兒子。這位晉周生不逢時，遇晉獻公寵信驪姬，晉國公子多遭殘害。晉周雖然沒有爭立太子的

條件，更無繼位的希望，也同樣不能倖免。為保全性命，晉周來到周朝，跟著單襄公學習。晉國是當時的大國，晉周以晉公子身份來到周朝。但晉周自小受父親教育，養成良好的品性，他的行為舉止完全不像一個貴公子。以往晉國的公子在周朝，名聲都不好聽，晉周卻受到對人要求嚴厲的單襄公的稱譽。

單襄公是周朝有名的大臣，學問淵博，待人寬厚而又嚴厲，是周天子和各國諸侯王公都很尊敬的人，晉周很高興能跟著他，希望能跟著單襄公好好學習，以成長為有用的人才。

單襄公出外與天子王公相會，晉周總是隨從在後。單襄公與王公大臣議論朝政，晉周從來都是規規矩矩地站在單襄公身後。有時，一站幾個小時，晉周都從未有一絲不高興的神色。王公大臣都誇獎晉周站有站相，立有立相，是一個少見的恭謙君子。

晉周在單襄公空閒時，經常向單襄公請教。交談中，晉周所講的都是仁義忠信智勇的內容，而且講得很有分寸，處處表現出謙遜的精神。

人雖然在周朝，晉周仍十分關心晉國的情況，一聽到不好的消息，他就為晉國擔心流淚；一聽到好消息，他就非常高興。一些人不理解，對晉周說：「晉國都容不下你了，你為什麼還這樣關心晉國呢？」晉周回答：「晉國是我的祖國，雖然有人容不下我，但不是祖國對不起我。我是晉國的公子，晉國就像是我的母親，我怎麼能不關心呢？」

在周朝數年，晉周言談舉止的每一個細節，都謙遜有禮，從未有不合禮數的舉動發生，周朝的大臣都很誇獎他。

單襄公臨終時，對他兒子說：「要好好對待晉周，晉周舉止謙遜有禮，今後一定會做晉國國君的。」

後來，晉國國君死後，大家都想到遠在周朝的晉周，就歡迎他回來做

了國君，成為歷史上的晉悼公。

　　晉周本是一個毫無條件爭當太子的王子，僅以謙遜的美德征服了國內外幾乎所有有權勢的人，最終卻被推上了王位，可見謙遜的力量有多麼巨大。老子說，「上善善水，水善利萬物而不爭」，「夫唯不爭，故天下莫能與之爭」，的確不是虛言。

　　許多人對於謙遜這項重要的特質，感到不以為然。事實上，謙遜是一項積極有力的特質，若加以妥善運用，可使我們在精神、文化和物質不斷地提升和進步。

　　謙遜是人性中的精髓，因為謙遜，甘地使印度獨立自由，阿爾伯特・史懷哲（Albert Schweitzer）為非洲人創造了更美好的世界。

　　不論你的目標為何，如果你想要追求成功，謙遜都是必要的條件。在到達成功的頂峰之後，你才會發現謙遜有多麼重要。只有謙遜的人才能得到智慧。聰明的人最大的特徵是能夠坦然地說：「我錯了。」

　　人心好勝，我以勝應必敗；人情好謙，我以謙處反勝。

▎與人方便，自己方便

　　一年冬天，年輕的約翰・戴維森・洛克斐勒（John Davison Rockefeller）隨一群同伴來到美國南加州一個名叫沃爾遜的小鎮，在那裡，他認識了善良的鎮長傑克遜。正是這位鎮長，對洛克斐勒後來的成功影響巨大。

　　那天下著小雨，鎮長門前花圃旁邊的小路多了一堆泥巴。於是行人就從花圃裡穿過，弄得花圃一片狼藉。洛克斐勒不禁替鎮長痛惜，於是不顧雨水淋濕身體，選擇獨自站在雨中守護花圃，請行人從泥巴中走過去。

　　這時鎮長滿面微笑地從外面帶回一袋煤渣，從容地把它鋪在泥巴裡。結果，再也沒有人從花圃裡穿過了。鎮長意味深長地對哈默說：「你看，

給人方便，就是給自己方便。我們這樣做有什麼不好？」

每個人的心都是一個花圃，每個人的人生之旅就好比花圃旁邊的小路，而天空不僅有風和日麗，也有風霜雪雨。那些在雨中前行的人們如果能有一條可以順利通過的路，誰還願意去踐踏美麗的花圃，傷害善良的心靈呢？

後來，洛克斐勒在艱苦的奮鬥下成為了美國石油大王。一天深夜，他在一家飯店門口被記者攔住，記者問了他一個敏感的話題：「為什麼前段時間，你的公司對東歐國家的出口量減少了，而你最大對手的出口量卻略有增加，這似乎與你現在的身份不符。」

洛克斐勒聽了這個尖銳的問題，沒有立即反駁他，而是平靜地回答：「給人方便就是給自己方便。那些想在競爭中出人頭地的人如果知道，關照別人需要的只是一點點的理解與大度，卻能贏來意想不到的收穫，那他一定會後悔莫及。給人方便，是一種最有力量的方式，也是一條最好的路。」

有一篇叫〈慷慨的農夫〉的短文，說美國南部有個州，每年都舉辦南瓜品種大賽。一位經常得到冠軍的農夫，得獎之後，毫不吝惜地將得獎的種子分送給街坊鄰居。有人不解，問他為何如此慷慨，不怕別人的南瓜品種超過他嗎？農夫回答：「我將種子分送給大家，方便大家，其實也就是方便我自己！」原來，鄰居們種上了良種南瓜，就可以避免蜜蜂在傳播花粉的過程中，將旁邊品種較差的傳播給農夫的南瓜。這樣，農夫就能專心致力於品種的改良。否則，他就必須花時間防範外來花粉。

這種「與人方便」的做法，看似愚蠢，實則有智慧 —— 因為在「與人方便」的同時，自己也方便了！無論是安身還是立命，是經商還是致富，這種大智若愚的做法都極為高明。

恩不論多寡。當厄的壺漿，得死力之酬；怨不在淺深，傷心的杯羹，召亡國之禍。

▎己所不欲，勿施於人

　　2,500 年前，孔子的學生子貢問孔子：「有沒有一句可以信奉終身的人生箴言？」孔子回答說：「己所不欲，勿施於人。」這是對人安身立命的深刻概括。己所不欲，勿施於人，凡是自己不喜歡和不願接受的事情，就不要強加給別人。依據這個原則，雖然我們還不能判斷什麼是應該做的，但至少可以知道什麼是不應該做的了，所以孔子的這句箴言包括了安身立命的全部道理。

　　在這個世界上，每個人都有自己的利益和追求，難免有越軌搶道、碰撞爭執的時候。人人都不希望自己的行為受到太多的約束。我們不妨來看看，一個人的行為所產生的後果有些什麼特點。一個人行為所產生的後果可以分為三種情況：

　　第一種，個人行為的後果只涉及到他本人，與其他人或群體無關；

　　第二種，個人行為的後果將影響到他人的利益；

　　第三種，個人行為的後果將影響到某一群體組織的利益。

　　對於第一種情況，個人行為的自由是應該得到充分保障的，對於這種行為，他人可以規勸、說服，乃至懇求其改變，但沒有理由干涉它或阻止它。任何人的行為，只有涉及他人或其他群體時才需對社會負責。不過我們平時屬於第一種情況的行為並不是很多，大部分行為是屬於後兩種情況；在後兩種情況下，一個人行為的自由必須以其後果不影響或不危害他人的利益為前提，否則，社會就有權利干涉或阻止這個行為。這個道理雖然極其簡單，卻是人類一切法律賴以存在的前提，也是社會輿論和道德標準的根基。

　　己所不欲，勿施於人，簡單說就是恕人，就是推己及人。用孔子的話說，這是可以終身照著去做的實行仁德的方法。所謂「己所不欲，勿施於

人」，就是用自己的心推及別人；自己希望怎樣生活，就想到別人也會希望怎樣生活；自己不願意別人怎樣對待自己，就不要那樣對待別人；自己希望在社會上能站得住，能通達，就也幫助別人站得住，通達。總之，從自己的內心出發，推及他人，去理解他人，對待他人。推己及人，和民間說的以己度人，將心比心，設身處地為別人著想，指的是同一個意思。

為什麼有人會考慮到其他人呢？真正的原因是：你種下什麼，收穫的就是什麼。

播種一個行動，你會收到一個習慣；播種一個習慣，你會收到一個個性；播種一個個性，你會收到一個命運；播種一個善行，你會收到一個善果；播種一個惡果，你會收到一個惡果。

一個人怎樣決定一件事自己是做還是不做呢？西方人用窮舉法為此設立了無數的法律條文。亞洲人不喜歡被眾多的條文所約束，再說不少人的教育程度也沒有達到記住每一條法律條文的程度。寧願用一種更模糊更簡單的方式，憑自己的良心直覺來做出是非的判斷與選擇。人與人之間本來沒有什麼不同，大家都覺得糖果吃起來甜，風吹過來都覺得涼。所以，一個人決定做不做一件事，不需要去問律師或法官的意見，只需問一問自己：我做這件事所產生的後果我自己感覺如何，如果自己能夠接受，那麼估計別人也能容忍；如果自己不能容忍，別人肯定也不能接受。這就便是將心比心。

人與人之間，能夠真正形成溝通，達成理解，不是靠邏輯或教條，而是靠感情。。人們常說「通情達理」，一個人只有「通情」才能「達理」。不通情不能達理。一個人孝順父母，並不是出於什麼法律或責任，只是他覺得父母從小細心撫養自己，所以現在需要回報恩情；同樣一個人講究信用，也不一定是為了履行合約或承諾，只是他希望別人也能對他講究信

用。人之所以有人情味，並不是因為人懂得深奧的人生哲理，也不是由於熟記多少道德教條。事實上，人們只是簡單地以自身的經驗來衡量他人的感受，這種做法有時候遇到古怪而不通人性的人或許會碰壁，但還好大多數人都能將心比心、聲氣相通，甚至肝膽相照，所以這種設身處地為別人著想的安身立命的藝術運用起來總是那麼得心應手。

己所不欲，勿施於人，發源於人的同情，同情對於人來說並不陌生，即使一個人從來不同情別人，至少也曾被別人同情過。我們看到小孩子將要落井，心中難免緊張擔心，這便是同情；我們看到朋友失戀，心頭難免沉重，這也是同情。這裡所說的同情並非僅僅是一種憐憫，憐憫是同情的一種，但同情不全是憐憫。在較高層次上說，同情當指把我們自己與別人或物等同起來，使我們也分享他們的感覺、情緒和感情。同情需要有一定的生活經驗為基礎，過去的經驗使我們了解在什麼樣的情況下會產生什麼樣的感情，當我們看到別人處在自己曾經處過，或者遇到容易在想像中體驗的情境時，我們就會將心比心，設身處地地把自己與他們等同起來，去分享他們的喜怒哀樂和悲歡離合。在這樣的情況下，什麼是己欲，什麼是他欲，便清清楚楚，明明白白了，接下來該做什麼。不該做什麼。

人的同情心是一種崇高博大的情懷，是人與人以及人與物之間溝通交流的媒介。在傳統社會裡，這種道德被概括為「仁」。現代人常常對古人的一個「仁」字感到不解。什麼是仁呢？其實很簡單，人與人之間的同情、理解、溝通、默契、和諧便是仁。仁者人也，兩個人在一起，能夠在感情上彼此合二為一，這便是仁。仁不僅限於人與人之間，也可存在於人與物之間。人對萬物的同情使人產生與天地萬物同類的同體的感覺，由此引發以仁愛之心待人待物的道德良知。王陽明認為：人看到小孩子落井，自然會產生惻隱之心，就是因為人心之仁與小孩子同體，小孩子與他是同

類；人看到鳥獸哀鳴就產生不忍之心，也是因為人心之仁與鳥獸同為一體，鳥獸也是有知覺的；人看到草木被折斷，必然有憫恤之心，是因為人心之仁與草木同為一體，草木也是有生命的東西；人見到瓦石被毀壞，必然有顧惜之心，這是因為人心之仁與瓦石同為一體。於是，人將萬物視為一體，將天下看成一家，將國家當成一人。於是，君臣、夫婦、兄弟、朋友，以及山川、鬼神、鳥獸、草木都是自己親愛的對象，達到盡仁、盡善、盡性的人生最高境界，這樣的人稱為大人。《大學》之首所謂的「大學之道在明明德，在親民，在止於至善」就是指這種大人的生活之道。

既然有大人，當然就有小人。人與人，人與物本來都是同根同脈，同心同德，不分彼此。但是因為每個人都有一個屬於自己的軀殼形骸，於是便很容易從身軀上分出個你我他，由此產生種種分隔隘陋的私欲之蔽，這樣的人就變成了小人。小人自然泯滅了人性中仁愛親善的靈光，終日圍著自己的小圈子打轉，為社會所不恥。

有人認為：推己及人，也是一切道德，特別是公共道德的基礎。如果人們心中都只有自己，完全不顧他人，那也就不會有公共道德。的確，現在社會上許多不良現象，可以說都與缺乏恕人的思想有關。這一點也是任何民族、任何社會、任何時代所普遍適用的，可以說是人類社會生活中應該普遍遵守的基本的公共生活準則。

有一個企業討論什麼是「文明」的標準，他們的回答是，時時想到他人就是文明。這個回答淺顯而又生動地反映了文明的本質。精神文明是人類社會生活的需要，有了社會生活，就需要有一定的規範來穩定社會的秩序，也要求人們自覺遵守這些規範，使自己的行為有利於社會生活的發展。換句話說，就是要求人們時時想到他人、想到社會，這也就是文明的要求。恕人的思想，正是反映了文明的這個最基本的精神。

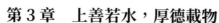

　　社會生活越發展，人與人的關係越密切，對文明的要求也就越高；就越要求人們自覺地把自己放到社會中，想到自己言行對社會的影響，想到社會和他人。在現代世界已經越來越成為地球村的情況下，人們的一舉一動都與社會、與他人有著密切的連繫。從這一點看，隨著社會的發展，培養好的人緣也就有了越來越重要的意義。

　　市恩不如報德之為厚。要譽不如逃名之為適。矯情不如直節之為真。

┃惡小不為，善小不棄

　　春秋時，有一次中山國君宴請都城中的士大夫，司馬子期也在座，國君分羊肉羹沒有分給他。他一怒之下跑到楚國去了，還勸楚王討伐中山國，使得中山君被迫逃亡。

　　逃亡途中，有兩個人拿著刀跟在他身後。中山君回過頭來對這兩人說：「你們要幹什麼？」這兩個人說：「我家有老父，有一次餓得要死，您拿出壺中的食物給他吃。在我父親將要死的時候，他曾說：『如果中山國有戰爭，你們一定要以死相報。』因此，我們特地趕到這裡，願為您而死。」中山君聽後仰天嘆息說：「施恩不在多少，在於他正當困危之時；結怨不在深淺，在於是否傷了人心。我因為一杯肉羹而使國家滅亡，因為一壺飯得到兩位勇士。」

　　《三國演義》第八十五回：劉備寫給兒子劉禪的遺囑有句話：「勿以惡小而為之，勿以善小而不為。」是告誡劉禪，不要認為壞事小就去做，好事小就不做。想必劉備是看破這茫茫人世，不少人「大善無力舉，小事不屑為；大惡知忌避，小害不在意」的常情，才語重心長地立下此遺詔。

　　時間流逝了 1,700 多年，劉備「勿以惡小而為之，勿以善小而不為」的警語，對現代人依然很有現實意義。

　　善惡之別，界限分明，善雖小仍是善，惡雖小總是惡。但事物是發展變化的，小可以變大，眼前的惡小雖不足掛齒，但從量變到質變，待將來鬧大時卻後患無窮。積小成大，也可成大事；壞事也要從小事開始防範，否則積少成多，也會壞大事。所以，不要因為好事小而不做，更不能因為不好的事小而去做。

　　從前有一個劣跡斑斑的農婦死了，閻羅王命令鬼把她抓去扔到油鍋裡面。守護她的小鬼心善，欲救出該婦人。小鬼努力地想出了婦人生前做過的一件善行，於是向閻羅王報告：「她曾在菜園裡拔過一棵蔥，施捨給一個女乞丐。」閻羅王聽了，大發慈悲地說：「那你就將那棵蔥，放到油鍋旁，讓她抓住，拉她出油鍋；如果蔥斷了，那女人就只好永遠留在油鍋裡。」小鬼跑到農婦那裡，把一棵蔥遞給她：「妳抓緊了，等我拉妳上來。」小鬼開始小心地拉她。可是在油鍋裡的人看見小鬼在拉婦人，就都來抓住她，想抓著婦人一起上來。這個婦人很生氣，用力地踢他們，並且罵道：「滾開！人家拉的是我，不是你們，那是我的蔥，不是你們的。」她剛說完這句話，蔥就斷了。她又墜入油鍋裡。

　　古人說：「勿輕小事，小隙沉舟；勿輕小物，小蟲毒身。」千里之堤，潰於蟻穴。一個人的墮落，往往是從一些細小的地方開始。如果一個人做了善事，哪怕那善行只是施捨了一根又細又小的蔥，或者關懷人們的疾苦，愛就會如太陽一樣，照在你身上，引導你走向真理之路。儘管有許多人只是施捨了一棵蔥也沒關係，好事就是從這些小事做起的，慢慢地也可成大事。

　　萬分廉潔，止是小善；一點貪汙，便為大惡。

▍施恩宜忘，受恩銘記

　　春秋時，秦桓公攻打晉國。晉大夫魏顆率兵抵抗，大敗秦軍，並且捉回秦國出名的大力士杜回。

　　相傳魏顆本來不能戰勝杜回，在戰鬥時，幸好出現了一位老人，他把地上的草，結成許多結，杜回經過時被草結絆倒，魏顆才能捉住杜回，獲得勝利。

　　魏顆不明白老人為何要幫自己。晚上，魏顆在夢裡見到了這位老人。老人說：「我的女兒，便是你父親的小妾。你父親臨終前不是囑咐你把她殉葬的嗎？可是你後來沒有聽從照辦，而是把她改嫁了。你救了我女兒的性命，我一直非常感激你。今日我在戰場上結草絆倒杜回，便是為了報答你的恩情！」

　　後漢人楊寶，九歲時在山下看見一隻受傷的小黃雀。這隻黃雀是被貓頭鷹啄傷，跌落在一棵樹下，渾身爬滿螞蟻，動也不動，看來快要死了。

　　楊寶覺得這隻小黃雀很可憐，便把牠救起，帶回家去，養在小箱裡，每天採些黃嫩的花蕊來餵牠。經過了一百多天的細心照顧，才把牠的傷完全養好。這時，小黃雀的羽毛也長得很豐滿了，跳跳叫叫，非常活潑。楊寶就放牠飛走了。

　　當天晚上，楊寶夢見一個黃衣童子，口銜四個白玉環，說是送給楊寶的禮物，並且感謝他的救命之恩，祝福他的子孫都像玉環一樣純潔清白，世代幸福。說完，化作一隻黃雀飛去了。

　　這兩個故事就是「結草銜環」的出處。

　　還有個「一飯之恩」的故事，說的是韓信年輕時，家境貧困，他既沒有公職，又不會經商，只好常到別人家要飯吃，有時索性乞討，人們對這個遊手好閒的人十分厭惡。

一次，韓信在城外釣魚，半天沒釣上一條魚，飢餓難忍。一位洗衣服的老太婆看見，便將自己的午飯分一半給韓信吃，一連幾十天都是如此。韓信感激地說：「我將來一定百倍地報答您！」老太婆卻生氣地說：「我是看你可憐才給你飯吃，哪裡是貪圖你報答！」

後來，韓信被劉邦封為楚王，他立刻回到淮陰，找到當年幫助他的那位老太婆，酬謝她黃金二十萬兩。

受人滴水之恩，當湧泉相報。忘恩負義的勢利小人，實在令人痛恨，如同英國著名作家莎士比亞所說：「我痛恨人們的忘恩，比之痛恨說謊、虛榮、饒舌、酗酒，或是其他存在於脆弱的人心中的陷入的惡德還要厲害。」韓國有一句諺語：「青蛙忘記了自己曾經是蝌蚪。」可見對於忘恩負義的憎恨，無論古今中外都是一致的。

戰國時代四大公子之一的信陵君，因為「竊符救趙」大破秦兵取得勝利，趙王非常感激，封了五座城池給他。信陵君非常得意，不禁有些趾高氣揚。這時，有一位門客及時提醒他說：「有些事情不可以忘記，有些事情不可以不忘記。別人有恩於公子，公子不可以忘記；公子有恩於人，希望公子能將它忘了。」接著便陳述了竊符救趙雖得大勝，但假冒王命，殺死大將晉鄙，有功於趙而得罪於魏國。因此不該再驕傲自認為有功。

信陵君聽了，立刻責備自己，慚愧得無地自容。趙王打掃宮殿臺階，親自迎接信陵君。信陵君卻稱自己有罪，現有負於魏國，亦無功於趙國，好像把救魏的事給忘了。其言辭懇切，絲毫看不出半點做作之態，真可謂大智若愚。趙王聽了，更加敬佩信陵君，此後兩人和睦相處了十年。

信陵君的門客這番忠告足以發人深思。對於功德，就應當提倡「不可忘記」和「不可不忘」，因為它不僅體現了做人的道德，而且又極有分寸感，符合辯證法的原則。那就是：對己之恩「不可忘記」，不一定非得投

桃報李，更不能喪失原則去感恩圖報，而是不要忘記人家樂於助人的德行和精神，進而為自己帶來責任感和原動力，這就把古人的「結草銜環」昇華到一個新的境界。至於對人之恩「不可不忘」。總之，在「忘」與「不忘」之間體現出的心術，足以令你大得人心。

　　我有功於人，不可念，而過則不可不念：人有恩於我，不可忘，而怨則不可不忘。

第4章
心性淡泊，隨緣處世

　　凡是想要磨練心性、提高道德修養的人，必須有鐵石一樣
堅定的意志，假如羨慕外界的榮華富貴，那就會被物欲包圍，
凡是成就一番事業的人，必須有一種行雲流水般的淡泊胸懷，
假如一有貪戀功名利的念頭，就會陷入危機四伏的險地。

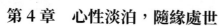 楔子

夏天，寺院的草地枯黃了一大片。「快點播種吧！」小和尚說。

師父揮揮手：「隨時！」

中秋，師父買了一包種子，叫小和尚去播種。

秋風起，種子邊撒、邊飄。「不好了！好多種子都被吹走了。」小和尚喊。

「沒關係，吹走的多半是空的，撒下去也發不了芽。」師父說：「隨性！」

撒完種子，飛來幾隻小鳥啄食。「怎麼辦？種子都被鳥吃了！」小和尚急得跳腳。

「沒關係！種子多，吃不完！」師父說：「隨遇！」

半夜一陣驟雨，小和尚一早衝進禪房：「師父！這下真完了！好多種子被雨沖走了！」

「沖到哪兒，就在哪兒發芽！」師父說：「隨緣！」

一個星期過去了，原本光禿的地面，居然長出許多青翠的草苗。一些原來沒播種的角落，也泛出了綠意。小和尚高興得直拍手。

師父點頭：「隨喜！」

人生在世，宛若浮萍，「隨」就是豁達的一種表現形式，它不是隨便，是順其自然，不過度、不強求、不忘形。擁有豁達的胸懷，便能擁有灑脫的人生。

▌寵辱不驚，順其自然

如何看待榮辱？什麼樣的人生觀自然會有什麼樣的榮辱觀，榮辱觀是人生觀的重要體現。有人以出身顯赫作為自己的榮辱，公侯伯爵，講究某某「世家」，某某「後裔」。在商品經濟社會裡，榮辱則以錢財多寡為標準。所謂「財大氣粗」、「有錢能使鬼推磨」、「金錢是陽光。照到哪裡哪裡亮」，以及「死生由命，榮辱在錢」等等俗語正是揭示了以錢財劃分榮辱的標準。現實生活中人們的榮辱觀確實在金錢誘惑下發生了變化、動搖、失落，還有一種是「以貌取人」，把一個人的容貌長相、穿著作為劃分榮辱的標準。

以家世、錢財、容貌來劃分榮辱毀譽的人，儘管具體標準不同，但其著眼點，思想方法都是一致的。他們都是以純客觀的外在條件出發，並把這些看成是永恆不變的財富，而忽視了主觀的、內在的、可變的因素，導致了極端的、片面的錯誤，結果吃虧的是自己。

在榮辱問題上，能做到「寵辱不驚、去留無意」，這才叫瀟灑自如、順其自然。一個人憑自己的努力實幹，靠自己的聰明才智獲得榮譽、獎賞、愛戴、誇耀時，仍然應該保持清醒的頭腦，有自知之明，切莫受寵若驚。

寵辱不驚，當如阮籍所云：「布衣可終身，寵祿豈可賴」。一切都不過是過眼雲煙，榮譽已成為過去，不值得誇耀，更不足以留戀。有一種人，也肯於辛勤耕耘，但卻經不起玫瑰花的誘惑，有了點榮譽、地位就沾沾自喜，飄飄欲仙，甚至以此為資本，爭這要那，不能自持。更有些人「一人得道。雞犬升天」，居官自傲、橫行鄉里，他活著就是為了不讓別人過得好。這些人是被名譽地位衝昏了頭，過於得意忘形了。

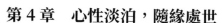
　　日本有位著名的白隱禪師，他的故事在世界各地廣為流傳。故事講的是：有一對夫婦，在住處的附近開了一家食品店，家裡有一個漂亮的女兒。無意間，夫婦倆發現女兒的肚子無緣無故地大起來。女兒做了這種見不得人的事，使得她的父母異常震怒。在父母的一再逼問下，她終於吞吞吐吐地說出「白隱」兩個字。

　　她的父母怒不可遏地去找白隱理論，但這位大師默默聽完後，只若無其事地說：「就是這樣嗎？」孩子生下來之後，便交給白隱。此時，他雖已名譽掃地，但他並不介意，只是非常細心地照顧孩子。他向鄰居乞求嬰兒所需的牛奶和其他用品，雖不免橫遭白眼和冷嘲熱諷，但他總是能處之泰然，彷彿他是受託撫育別人的孩子一樣。

　　事隔一年之後，這位未婚的媽媽，終於不忍心再欺瞞下去了。她向父母吐露實情，孩子的親生父親是在魚市工作的一名青年。她的父母立即將她帶到白隱那裡，向他道歉，請求他的原諒，並將孩子帶回。白隱仍然是淡然如水，他只是在交回孩子的時候，輕聲說道：「就是這樣嗎？」彷彿不曾有什麼事發生過；即使有，也只像微風吹過耳畔，霎時即逝。

　　白隱為了讓鄰居的女兒有生存的機會和空間，代人受過，犧牲了為自己洗刷清白的機會，雖然受到人們的冷嘲熱諷，但是他始終處之泰然，「就是這樣嗎？」這平平淡淡的一句話，就是對「寵辱不驚」最好的解釋，反映了白隱的修養之高、道德之美。

　　人生無坦途，在漫長的道路上，誰都難免要遇上厄運和不幸。人類科學史上的巨人阿爾伯特‧愛因斯坦，在報考瑞士聯邦工藝學校時，竟因三科不及格落榜，被人嘲笑為「低能兒」。小澤征爾這位被譽為「東方卡拉揚」的日本著名指揮家，在初出茅廬的一次指揮演出中，曾被中途「轟」下場來，緊接著又被解聘。為什麼厄運沒有擊垮他們？因為在他們眼裡，

始終把榮辱看作是人生的軌跡，是人生的一種磨練，假如他們對當時的厄運和嘲笑，不能泰然處之，也許就沒有日後多彩多姿的人生。

19 世紀中葉美國有個叫賽勒斯·韋斯特·菲爾德（Cyrus West Field）的實業家，他率領工程人員，要用海底電纜把歐美兩個大陸連接起來。為此，他成為美國當時最受尊敬的人，被譽為「兩個世界的統一者」。在舉行盛大的接通典禮上，剛被接通的電纜傳送訊號突然中斷，人們的歡呼聲立刻變為憤怒的狂濤，都罵他是「騙子」、「白痴」。可是菲爾德對於這些毀譽只是淡淡地一笑，不作任何解釋，只是繼續埋頭苦幹，經過多年的努力，最終透過海底電纜架起了歐美大陸之橋。在慶祝會上，他沒上貴賓臺，只遠遠地站在人群中觀看。

菲爾德不僅是「兩個世界的統一者」，而且是一個理性的戰勝者，當他遭遇到常人難以忍受的厄運時，透過自我心理調節，做出正確的選擇，從而在實際行為上顯示出強烈的意志力和自持力，這就是一種理性的自我完善。

世上有許多事情的確是難以預料的，成功伴著失敗，失敗伴著成功，人本來就是失敗與成功的統一體。人的一生，有如簇簇繁花，既有燦爛耀眼之時，也有凋零之日，面對成功或榮譽，要像菲爾德那樣，不要狂喜，也不要盛氣凌人，而是要看淡功名利祿；面對挫折或失敗，要像愛因斯坦、小澤征爾那樣，不要悲傷，也不要自暴自棄，凡事都要看開些。這樣就不會像《儒林外史》裡的范進，中了舉人卻惹出禍端。范進一心想中舉出名，可是幾次考試都名落孫山，他飽受眾人輕視的眼光，就連岳父也看不起他，他發奮讀書，後來終於中了舉人，然而由於過度狂喜，一口痰上不來，倒地而昏，變成了瘋子。

人既要能忍得住成功的喜悅，也要有戰勝失敗的勇氣，成功了要時時記住，世上的任何一樣成功和榮譽，都依賴周圍的其他因素，絕非你一個

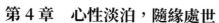

人的功勞。失敗了不要一蹶不振，只要努力奮鬥過了，就可以問心無愧。得而不喜，失而不憂，才能在人生的旅途中掌握自我，超越自己。

　　富貴功名、榮枯得喪。人間驚見白頭；風花雷月、詩酒琴書，世外喜逢青眼。隻語片言輕輕一點，人間世外，繁華枯零，盡在眼前，功名利祿得失恩怨斤斤計較沒完，轉瞬已經生命無多，還不如淡然一點，輕輕一捧明月在手，清亮自己這一生的心境。

▌不以物喜，不以己悲

　　楚國有一個人叫支離疏，他的形體是造物主的一個傑作或者說是造物主開的一個玩笑：脖子像絲瓜，腦袋形似葫蘆，頭垂到肚子上而雙肩高聳超過頭頂，脖子後的髮髻蓬蓬鬆鬆像個鳥巢，背駝得兩肋幾乎與大腿並列，就像一個支支離離、疏疏散散的「半成品」！

　　支離疏絲毫不為自己的容貌傷心，反而感謝上天獨鍾於他，平日裡樂天知命、舒心順意、日高尚臥、無拘無束，替人縫洗衣服、簸米篩糠，以糊口度日。當君王準備打仗，在國內強行徵兵時，年輕強壯的男子如驚弓之鳥，四散逃入山中。而支離疏偏偏聳肩晃腦去看熱鬧，他這副容貌誰要呢，所以他才那樣自由自在。

　　當楚王大興土木，準備建造皇宮而攤派差役時，平民百姓不堪騷擾，而支離疏卻形體不全而免去了勞役。每逢寒冬臘月官府開倉賑貧時，支離疏卻欣然前去領到三盅小米和十捆粗柴，不愁吃也不愁穿。

　　一個在形體上支支離離、疏疏散散的人，尚能樂天知命，以自然的心性，安享天年。那麼把這支支離離疏疏散散從而遺形忘智、大智若愚的精神運用到立身處世的方法中，難道還不可逢凶化吉、遠離禍害嗎？

　　月滿則虧，水滿則溢。這是世之常理。否極泰來，榮辱自古周而復

始。因此，大可不必盛喜衰悲，得喜失悲。盛衰、得失自有天意。

在大得大失、大盛大衰面前，若保持著一份淡然的心境，無喜無悲。貌似一根愚笨的木頭，實則為大智大慧者。尤其是要做到敗不餒，因為吸取學問的最佳時機就在於跌倒之際。時勢造英雄，逆境出人才。

「不以物喜，不以己悲」，抱著隨緣的心態，努力，努力，再努力。── 這便是走向成功的方法！讓我們一起努力，走出悲喜的心境，走出人生的低谷，走向鮮花和掌聲！

記住：上帝若把所有的門都關上了，一定還會留下一扇敞開的窗戶！

以患難心居安樂，以貧賤心居富貴，則無往不泰矣；以淵谷視康莊，以疾病視強健。則無往不安矣。

知足常樂，優哉遊哉

有副對聯這樣寫：「事能知足心常泰，人到無求品自高。」這是已故弘一法師李叔同先生的遺墨。凡是了解李叔同先生的人都知道，無論從家境、才學、閱歷上看，還是拿愛國之情、志向之取、進取心來比，叔同先生都不會亞於當時或現代的大多數人。然而正是這位自豪「魂魄化成精衛鳥，血花濺作紅心草」的熱血男兒，認認真真地寫下了這樣一副對聯留諸後世，這便使人不得不冷靜下來認真想一想這副對聯的深刻內涵。

華人的知足表現，從生活的任何狀況中都能發現值得為之快樂的東西，就彷彿兒童在海灘上撿貝殼，無論撿到什麼都是欣喜的，哪怕一無所獲，也不會失望，因為能夠自由自在地在大海邊遊玩，這本身就是一種不是人人都能享受到的快樂。我們經常可以看到許多生活困苦的人笑口常開，越是困苦越是感到知足。

知足，也是一種處世的藝術，多半出於無奈，大多則根源於精神世界

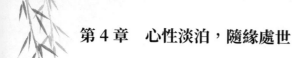

的充實豐富以及應付人生世事的自如圓熟。知足或不知足，都不是生活的主要目的；人生的目的當是尋求生活的快樂，當一個人無法改變現有生活時，他除了接受以外，還能有更明智的選擇嗎？因此在順境裡固然能優哉遊哉，即使在逆境中也能夠安之若泰。人生常常是無奈的，有時候會被迫置身於極不情願的生活環境裡，甚至會落到萬念俱灰的地步，但是一旦他想到自己好歹還擁有一個可愛的人生，便又可知足地微笑起來。「留得五湖明月在，不愁無處下金鉤」、「留得青山在，不怕沒柴燒」等格言講的就是這個道理。

孔子遊泰山，遇到一位不知何許人者，鹿裘帶索，鼓琴而歌，孔子見而問：「先生何樂也？」對曰：「天生萬物，唯人為貴，而吾得為人，是一樂也。男女之別，男尊女卑，故以男為貴；吾既得為男矣，是二樂也。人生有不見日月、不免襁褓者，吾既已行年九十矣，是三樂也。貧者士之常也，死者人之終也，處常得終，當何憂哉？？」

人的欲望是永無止境的，俗話說：「猛獸易伏，人心難降；谿壑易填，人心難滿。」但生活所能提供的欲望的滿足卻是有限的。因此在人的現實生活中，「足」是相對的、暫時的，而「不足」則是絕對的、永恆的。假如一個人處處以「足」為目標不懈追求，那麼他所得到的將是永遠的不足；如果一個人以「不足」為生活的事實予以理解和接納，那麼他對生活的感受反倒處處是「足」的。知「不足」，所以知足；不知「不足」，所以不知足；知「不足」，可以知足；不知足，就總是「不足」。由此可見，知足就是懂得協調欲望與現實兩者關係的過程。用什麼來協調？用「知足」來協調。足不足是物性的，而知不知則是人性的。以人性來駕馭物性，便是知足；讓物性來牽制人性，就是不知足。足不足在物，非人力所能勉強；知不知在我，非其他所能左右。

　　不知足是自然的、合情的，彷彿騎手信馬由韁，毫不費力。知足則是自覺的、頑強的、堅毅且可貴的。當你走在路上看到一輛輛擦身而過的漂亮轎車時，當你住在簡陋的房裡望著窗外一棟棟大樓時，因羨慕、嫉妒而生的不知足，無需吹灰之力便不招自至了。而要擺脫這些情緒的糾纏，依然知足地臥床酣睡，明早照樣知足地擠車上班，是不容易的事。可見，不知足者根本沒有資格嘲笑不凡的知足者。在嘲笑別人之餘，倒是應該想一想自己為物所役的淺薄、空虛和浮躁。正如程子所說：「人為外物所動者，只是淺。」

　　知足者當然不是無所希冀、無所追求。誰不愛吃山珍海味，誰不喜歡汽車、大房子，但現實終究是現實，傷感也無濟於事。在萬般無奈之時，唯一可以保持的是這份知足的快樂。在中國傳教且居住了五十年之久的美國傳教士明恩溥（Arthur Henderson Smith）倒是很了解華人的知足藝術，他說：「所謂『知足』，當然並不是指人人安於現狀，不圖上進。就個人而論，若有好日子過而此種日子可因努力而得，自然誰也不會推開。」知足是相對的，即使是知足者也會有許多不足的時候。我們不必擔心知足會使人懶惰、消極，因為人心不足永遠是事實。如果說知足者常樂，那麼在生活中就沒有一個真正常樂的人，可見完全知足的人是沒有的，就像沒有完全不知足的人一樣。

　　「知足」說時容易做時難。因為知足難，所以知足常樂才稱得上是一種藝術。足與不足，都是比較的結果。有句話說：「比上不足，比下有餘。」生活可以有四種「比較」的方法，「比上」與「比下」是其中的兩種，「比己」，即自己跟自己比是一種，還有一種就是「不比之比」，不跟任何東西比較，也算是一種「比較」。這四種「比較」相應地產生四種知足的境界，下面我們就來分別說明。

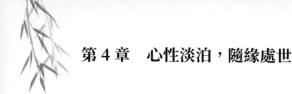

第4章　心性淡泊，隨緣處世

「比上」自然是不足，這似乎不必多說，因為大家都了解這種苦澀的感覺。「比下」當然有餘，這似乎是安慰自己的好辦法。從前有一個人不小心弄丟了一雙新買的金縷鞋，為此他悶在家裡茶不思、飯不想地難過了好幾天。這天他打起精神到街上閒逛，無意中看到一個拄著拐杖只有一條腿的瘸子，正興高采烈地與人聊天。突然間，他醒悟了：失去一條腿的人還能如此快樂，我弄丟一雙鞋又算什麼呢？想到這裡，頓覺心胸開闊，不開心的事也煙消雲散了。生活是公平的，它毫不吝惜地把大大小小的幸福賜給眾人，但也從來不讓其中的任何人獨占，免得他過於狂妄；生活也毫不留情地把各式各樣的災難帶給人們，卻極少把其中的任何人推到絕境，也就是 我們常說的「天無絕人之路」。一個人不管遭受何種痛苦境遇，比上不足，比下也還有餘，只要知足，就有快樂 —— 當人失意的時候，都會這樣想的。

「比下」雖然比「比上」更能知足常樂。但是，與「比上」一樣，「比下」終究要與別人相比，與人相比，總有點受制於人的感覺，而且常常免不了「人比人，氣死人」。為了避免這種情形出現，做人最好不要拿自己與別人相比，不管是比上還是比下。如果一定要比，倒不如自己與自己比。怎麼比呢？隨便遇到什麼事，只要倒過來看就可以了。我也講一個故事來說明這個道理。

從前，一位老婆婆有兩個兒子，大兒子是賣傘的，小兒子是賣鞋的。每當下雨的時候，老婆婆便很傷心，因為小兒子的布鞋會因下雨而沒有客人；但晴天的時候，老婆婆還是很難過，因為大兒子的雨傘會因為天晴而賣不出去。老婆婆就是這樣晴天也傷心，雨天也難過，直到有一天一位行者對老婆婆說：「妳將這件事情倒過來想想看，雨天的時候，妳大兒子必然生意興隆；晴天的時候，妳小兒子肯定賓客盈門。這樣一來，不管晴天

雨天，妳都能快樂了。」生活有時候需要倒過來看待，譬如當你的酒只剩下半瓶的時候，別老是抱怨：「只剩下半瓶了！」而應該想想：「還有半瓶呢！」有一句禪詩叫做「千江有水千江月，萬里無雲萬里天」，任何事都可以從它本身發現知足快樂的源泉，問題是你從什麼角度去看。

　　知足雖然常常透過比較而生，但凡是透過比較而生的知足都不是最高境界的知足。所謂最高境界的知足，乃是一種源於內在精神的充實圓滿，是一個人精神世界的沛然自足，大智若愚的老子稱此為「知足之足」，並教誨後人說：「知足之足常足矣！」當一個人拿到一串葡萄，如果他從大到小一顆一顆吃下去，往往會越吃越不知足；如果他從小到大一顆顆吃下去，便會越吃越知足；但一個「知足之足」的人吃葡萄，根本就不會想到葡萄的大小，這樣的知足才是真正的知足。

　　市爭利，朝爭名，蓋棺日何物可殉篙裡；春賞花，秋賞月，荷鋤時此身常醉蓬萊。

靜以修身，儉以養德

　　諸葛亮在〈誡子書〉中寫道：「夫君子之行，靜以修身，儉以養德；非淡泊無以明志，非寧靜無以致遠。夫學須靜也，才須學也；非學無以廣才，非志無以成學。怠慢則不能勵精，險躁則不能冶性。年與時馳，意與歲去，遂成枯落，多不接世。悲守窮廬，將復何及！」在這段文字裡，一個「儉」字，一個「靜」字揭示了做人的要訣。儉就是淡泊，靜就是寧靜。現在有些人一講到「淡泊」，就認為是「冷淡」；其實，淡泊主要是指物質生活應儉樸平淡，不必過於奢華，因為人的精神品性只有在平淡樸素中才能更好地體現出來，這就叫「淡泊以明志」，明什麼「志」？明「德」、「才」、「學」等追求之志。冷淡是精神空虛，淡泊不僅不是冷

淡，而且對生活很熱情、很有追求，只是這種追求不是簡單的物質生活追求，所以在近利者看來這種追求有點「無為」。其實這種「無為」正是精神超越的表現。我們可以想像，假如一個從裡到外，從頭到腳都浸在物質欲望的海洋裡，能夠指望他超越現實嗎？所以，「淡泊以明志」，說得很有道理。同時「寧靜以致遠」也非常深刻。精神境界有高有低，人生志向有遠有近。做人最忌目光短淺、胸無大志，滿意自己生活的小天地。這樣的人，便是「斗筲之人」。人之所以會目光短淺，最大的原因就是浮躁貪心、急功近利，不能夠安於寧靜、忍受寂寞，自然就成不了什麼大器，結果只能是「年與時馳，意與日去，遂成枯落，多不接世」。所以，在精神上保持寧靜，甘於寂寞、不為利誘、不被物牽，是「修身」、「廣才」的必要條件。試觀歷史上有所建樹的人，哪一個不是這樣地來的？董仲舒寫《春秋繁露》，「三年不窺園」，一般人耐得住這種寂寞嗎？這也是為什麼偉人總是很少的原因。有句諺語說：「心靜自然涼。」一個人只有在繁華世界中保持平心靜氣，才能求得精神的悠遠。有一古聯「淡如秋水閒中味，和似春風靜後功」，也隱含類似的意思。

最後，編者在此需強調的是：這裡所說的「淡泊」，並不是什麼都不做了，而是強調在做事時的一種心態。正確看待名利帶給人的影響和了解自己內心真正的願望，無論是從政、經商，或者是學問、藝術，都要把眼前的每一件事情做好，做得漂漂亮亮，有益於人，有益於社會。把眼光放到整個社會利益的角度上，從狹隘的自我享受中解脫出來。

是非不到釣魚處，榮辱常隨騎馬人。

適可而止，見好便收

　　世事如浮雲，瞬息萬變。不過，世事的變化並非無章可循，而是窮極則返，循環往復。《周易·復卦·象辭》中說：「複，其見天地之心乎！」「日盈則戾，月盈則食」，從周而復始的自然變化中得到心靈的啟示：「無來不陂，無往不復」，老子概括為：「反者道之動。」人生變故，猶如環流，事盛則衰，物極必反。生活既然如此，安身立命應處處講究恰當的分寸。過猶不及，不及是大錯，大過是大惡，恰到好處的是不偏不倚的中和。有句話說：「做人不要做絕，說話不要說盡。」廉頗做人太絕，不得不肉袒負荊，登門向藺相如謝罪；鄭伯說話太盡，無奈何掘地及泉，隧而見母。所以說：「凡事留一線，日後好見面。」凡事都能留有餘地，方可避免走向極端。特別在權衡進退得失的時候，務必注意適可而止，盡量做到見好就收。

　　一個聰明的女人懂得適度地打扮自己，一個成熟的男人知道恰當地表現自己。美酒飲到微醉處，好花看到半開時。明人許相卿說：「富貴怕見花開」就是這個意思。「言已開則謝，適可喜正可懼。」做人要有一種自惕惕人的心情，得意時莫忘回頭，著手處當留餘地。此所謂「知足常足，終身不辱，知止常止，終身不恥。」宋人李若拙因仕海沉浮，做〈五知先生傳〉，謂安身立命當知時、知難、知命、知退、知足，時人以為智見。反其道而行，結果必適得其反。

　　君子好名，小人愛利，人一旦為名利驅使，往往身不由己，只知進，卻不知退。尤其在古代，不懂得適可而止，見好便收，無疑是臨淵縱馬。封建君王，大多數可與同患，難與處安。做臣下的在大名之下，往往難以久居。所以，老子早就說了：「功成，名遂，身退。」范蠡乘舟浮海，得

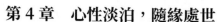

以終身；文種不聽勸告，飲劍自盡。此二人，足以令中國歷史官宦引以為戒。不過，人的不幸往往就是「不識廬山真面目」。

任何人不可能一生總是春風得意。人生最風光、最美妙的時刻也是最短暫的時光。所以說「人無千日好，花無百日紅。」就像打牌一樣，一個人不可能總是很順利。拿了一副好牌之後，就是壞牌的開始。所以，見好就收便是最大的贏家。世故如此，人情也是一樣。與人相交，不論是同性知己還是異性朋友，都要有適可而止的心情。君子之交淡如水，既可避免勢盡人疏、利盡人散的結局。同時，友誼也只有在平淡中，才能見出真情。越是形影不離的朋友，越容易反目成仇。「受恩深處宜先退，得意濃時便可休。」即使是恩愛夫妻，天長日久的耳鬢廝磨，也會有愛老情衰的一天。北宋詞人秦觀所謂「兩情若是長久時，又豈在朝朝暮暮」，這不只是分居兩地夫妻的心理安慰，也是給終日廝守的情侶一個忠告。

古人說：「樂不可極，樂極生悲；欲不可縱，縱欲成災」。大部分的人認為樂極生悲指的是因快樂過度而忘乎所以、行為、舉止失矩，結果不慎發生意外，惹禍上身，化喜為悲。凡讀過王羲之的〈蘭亭集序〉，大致上可以領悟樂極生悲的含義。在崇山峻嶺、茂林修竹的雅致環境裡，眾賢畢至，高朋會聚，曲水流觴，詠敘幽情，這是何等快樂！王羲之欣然記道：「是日也，天朗氣晴，惠風和暢。仰觀宇宙之大，俯察品類之盛，所以遊目騁懷，足以極視聽之娛，信可樂也。」但是，就在「快然自足，不知老之將至」之時，突然使人產生了萬物「修短隨化，終期於盡」的悲哀，於是情緒一轉：「及其所之既倦，情隨事遷，感慨係之矣。向之所欣，俛仰之間，已為陳跡，猶不能不以之興懷。」這是真正的樂極生悲。

類似的心情變化可以在蘇東坡的〈前赤壁賦〉中進一步得到印證。蘇東坡與客泛舟江上，「飲酒樂甚，扣舷而歌」，這本來是很快樂的，偏偏

樂極生悲。「客有吹洞簫者，倚歌而和之」，其聲偏偏又嗚嗚然。「如怨如慕，如泣如訴」，這八個字清楚地寫出一個人由樂轉悲之後的難言心境。飲酒本是一件樂事，但多愁善感的人飲酒，往往會見物生情，情到深處反添恨。正如司馬遷所說：「酒極則亂，樂極生悲，萬事盡然。」

樂極生悲概括地說，是一個人對生命的熱愛和留戀而產生的惘然和悲哀；深入地說，是一個人對生活中好花不常開，好景難常在的無奈和悵懷。人的情緒很難停駐在靜止的狀態，人對世事盛衰興亡的更替習以為常之後，心境喜怒哀樂的變換也成為自然，人在縱情尋樂之後，隨之而來的往往是莫名其妙的空虛傷懷，推之不去，避之不開，因為歡樂和惆悵本來就是接著來的。所以莊子在「欣欣然而樂」之後感嘆：「樂未畢也，哀又繼之。」人只有在生命的愉悅中才能體會真正的悲哀。所以，真正的喪親之痛，不在喪親之時，而在闔家歡宴，或睹舊物思亡人的那一瞬間。人在悲中不知悲，痛定思痛是真痛。

在生活悲歡離合、喜怒哀樂的起承轉合過程中，人應隨時隨地、恰如其分地選擇適合自己的位置。孔子說：「貴在時中！」時就是隨時，中就是中和。所謂時中，就是順時而變，恰到好處。正如孟子所說的：「可以仕則仕，可以止則止，可以久則久，可以速則速」。鑒於人的情感和欲望常常盲目變化的特點，講究適中，就是要注意適可而止，見好就收。

一個人是否成熟的特徵之一是看他會不會退而求其次，退而求其次並不是懦弱畏難。當人生進程的某一方面遇到難以逾越的阻礙時，善於權變通達，能屈能伸，心情愉快地選擇一個更適合自己的目標去追求，這事實上也是一種進取，是一種更踏實可行的以屈為伸，以退為進。力能則進，否則退，量力而行。自不量力是安身立命的大敵。當一個人在一種境地中感到力不從心的時候，退一步反而海闊天空。

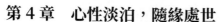

適可而止，見好便收，是歷代智者的忠告，更是安身立命的藝術。

人言天不禁人富貴，而禁人清閒，人自不閒耳。若能隨遇而安，不圖將來，不追既往，不蔽目前，何不清閒之有。

貪心不足，禍害源頭

見到利益就想得到，而且得到越多越好，這是許多人共同的心理。看到別人賺錢，自己也想發財，這也是正常的現象。但是君子愛財，取之有道，又不能貪心不足。作為一個官員如果太貪婪，那麼離自取滅亡的日子就不遠了；作為一個青年，如果貪無止境，那麼他的前途也將要喪失；作為一個商人如果太貪心，那麼他在商場上很快就會失敗。人由於貪欲不止，往往只看見利益而沒看見禍害，結果是利益也沒有得到，禍害反而先來臨了。

貪欲是眾惡之本。人一旦貪欲過分，就會方寸皆亂，計劃謀略一亂，欲望就更加多；貪欲一多，心術就不正，就會被貪欲所困，離開事物本來之理去行事，就導致將事情做壞、做絕，大禍也就臨頭了。

春秋末年，晉國有一個當權的貴族叫智伯。他雖然名叫智伯，其實一點都不聰明，卻是個蠻橫不講道理、貪得無厭的人。他本來有很大一塊封地，卻平白無故地向魏宣子索要土地。

魏宣子也是晉國一個貴族，他很討厭智伯的這種行為，不肯給他土地。他的一個臣子叫任章，是個很有心計的人，他建議宣子：「您應該給智伯土地。」

宣子問：「我憑什麼要白白地送給他土地呢？」

任章說：「他無理求地，一定會引起鄰國的恐懼，鄰國都會討厭他；他如此利慾薰心，一定會不知足，到處伸手，這樣便會引起整個天下的憂

慮。您給了他土地，他就會更加驕橫起來，以為別人都怕他，他也就更加輕視他的對手，而更肆無忌憚地騷擾別人。那麼他的鄰國就會因為討厭他而聯合起來對付他，那時他的死期就不遠了。」

任章說到這裡，停頓了一下，見宣子似有所悟，又接著說：「《周書》上說，『將要打敗他，一定要暫且給他一點幫助；將要奪取他，一定要暫且給他一點甜頭。』所以，我說您還不如給他一點土地，讓他更驕橫起來。再說，您現在不給他土地，他就會把您當作他的靶子，向您發動攻擊。您還不如讓天下人都與他為敵，讓他便成了眾矢之的。」

宣子非常高興，馬上改變了主意，割讓了一大塊土地給智伯。

智伯嘗到了不戰而獲、不勞而獲的甜頭，接下來，便伸手向趙國要土地。趙國不答應，他便派兵圍困晉陽。這時，韓、魏聯合，趁機從外面打進去，趙在裡面接應。在裡應外合，內外夾攻之下，智伯很快便滅亡了。智伯乃外智內愚之輩，就這樣毀在外愚內智的任章之手。

歷代都有不少清官，他們深知個人的貪欲會毀掉一切，所以不貪圖錢財，只真心為民辦事，受到了百姓的好評。

東漢時，有一個叫羊續的人到南陽郡做太守。

南陽是東漢開國皇帝光武帝劉秀的老家，這個地方北靠河南省的熊耳山，南臨湖北省的漢水，土地平坦、氣候溫暖、水源充足，農業生產和工商經濟比較發達。由於生活安定富裕，這裡郡、縣等各級政府機構中請客送禮、講排場、比吃喝之風頗盛。

羊續到任後，對這種不良風氣十分不滿。但是，他知道要糾正一郡之風，得先從郡衙和郡守做起。於是，他下定了決心。

一天，郡裡的郡丞提著一條又大又新鮮的鯉魚來看望羊續。他向羊續解釋說，這條魚並不是花錢買來的，也不是向別人要來的，而是自己在休

息的時候從白河裡打撈上來的。接著他又向羊續介紹南陽的風土人情，極力誇讚白河鯉魚的鮮美可口。他又解釋說，這條魚絕非送禮，而是出於同僚之情，讓新到南陽的人嘗嘗鮮，增加對南陽的感情。羊續再三表示自己心領了，但是魚不能收。那郡丞無論如何不肯再把魚提回去，他說：「要是太守一定不肯收，就是不願意與我共事了。」羊續感到盛情難卻，只好把魚收下。郡丞放下魚，歡天喜地地走了。郡丞走了以後，羊續提起那條魚想了一會，就讓家裡的人用一條麻繩把魚拴好，掛在自己的房檐下邊。

　　過了幾天，郡丞又來家裡拜望羊續，手裡提著一條比上次更大的鯉魚。羊續很不高興，他對郡丞說：「你在南陽郡是除了太守以外地位最高的長官了，你怎麼好帶頭送禮給我呢？」郡丞聽了，不以為然地搖了搖頭。剛想再說幾句什麼，羊續已經讓人從房檐取下上次那條魚，並對郡丞說：「你看，上次的魚還在這裡，要不你就一塊拿回去吧！」郡丞一看，上次那條魚已經風乾得硬邦邦了，一下子臉紅到脖子根，很不好意思地離開了太守的家。從此，南陽府上下再也沒有人敢給羊太守送禮了。

　　這件事情很快就傳開了，南陽的百姓非常高興，紛紛讚揚新來的太守。有人還給羊續取了一個「懸魚太守」的雅號。

　　在以上兩則故事中，智伯因貪心十足，得寸進尺而自掘墳墓，羊續因清正廉潔、防微杜漸而得到百姓的擁戴。

　　花繁柳密處，撥得開，才是手段；風狂雨急時，立得定，方見腳跟。

第 5 章
韜光養晦，以退為進

　　晦非恆有，須養而後成。善養者其利久遠，不善養者禍在目前。晦亦非難養也，琴書小技，典故經傳，善用之則俱為利器。醇酒醉鄉，山水煙霞，尤為養晦之爐鼎。

▌楔子

　　三國時期，魏王曹睿病故後，曹芳即位，司馬懿和曹爽同為顧命大臣，一同執政。對司馬懿這個外人不太放心，便想方設法奪了司馬懿的兵權。自兵權落到了曹爽的手裡之後，司馬懿就託病在家休養。曹爽高枕無憂，經常帶著家將門客出外打獵，有時幾天不回城去，他的弟弟以及門客都勸他說，幾天不回城，恐怕會有人發動兵變。曹爽笑道：「軍權在我的手裡，司馬懿又在家養病，有什麼可怕的？」後來，曹爽的弟弟曹義求大司農桓範規勸曹爽，曹爽聽了，多少注意了一點。

　　就在這時，李勝升任青州刺史，前來向曹爽辭行。曹爽靈機一動，便讓他假借到司馬懿的太傅府上辭行，趁機察看司馬懿的動靜。

　　李勝來到太傅府，只見司馬懿面容憔悴地躺在床上，由兩個婢女扶著，才勉強撐起身來，李勝對他說：「我要去青州上任了，來向您辭行！」

　　司馬懿含混地說：「并州接近匈奴，可要好好防備！」

　　李勝說：「是青州！」

　　司馬懿說：「你從并州來？」

　　李勝說：「是山東青州。」

　　司馬懿大笑道：「你剛從并州來？」

　　李勝最後借用紙筆，才對司馬懿說明白。司馬懿看了好一會才說：「原來是青州啊！我病得耳聾眼花了，刺史路上保重吧！」說完，司馬懿用手指指嘴巴，婢女端了碗湯給司馬懿喝。一不小心，灑了滿身都是。最後，他流著淚對李勝說：「我年老力衰，活不久了，剩下兩個兒子，要拜託曹大將軍照顧，請李刺史在曹將軍面前幫忙說好話。」說完指指兩個兒子。

　　李勝走後，司馬懿便披衣起床，對司馬師和司馬昭說：「李勝回去必定要跟曹爽說，他不會再懷疑我了，曹爽如再出去打獵，便可動手。」

　　李勝趕回大將軍府，將情形一五一十地向曹爽匯報。曹爽開心地說：「這老傢伙一死，我就什麼也不怕了。」過了幾天，他帶著魏主曹芳，點起御林軍，藉口出城祭祖，打獵去了。

　　司馬懿抓住這個機會，帶領兒子和眾將，直奔朝中。先威逼郭太后下旨，說曹爽奸邪亂國，要免職辦罪，太后無奈，只得下旨。然後又占領城中的兵營，緊閉城門。曹爽接旨後，本可以用大將軍印討伐司馬懿，但他生性昏懦，不聽眾門客的勸告，反而相信司馬懿的話，把大將軍印交了出去。

　　從此，政歸司馬氏。裝一場病可以取得大權，乃至取曹魏而代之，建立司馬氏的西魏政權，裝病之成功，可謂大矣！

英雄多難，非養晦何以存身

　　木秀於林，風必摧之；堆出於岸，流必湍之。古往今來，多少有才能的人，不僅沒有因為才能而走出人生的廣闊天地，反而因為才能而陷入人生的死胡同。明朝楊慎在《韜晦術》中說：「英雄多難，非養晦何以存身？」大意是指英雄豪傑多災多難，一定要學會韜光養晦，否則難以保存住自己。

　　西方有句諺語說：「儘管星星都有光明，卻不敢比太陽更亮。」

　　被別人比下去是很令人惱火的事情，所以要是你的上司被你超越，這對你來說不僅是蠢事，甚至產生致命的後果。要明白一個道理，自以為優越總是討人厭的，也特別容易引來上司和君王的嫉恨。大多數人對於在運氣、性格和氣質方面被超過並不太介意，但是卻沒有一個人喜歡在智力上被人超過。因為智力是人格特徵之王，冒犯了它無異犯下了彌天大罪。君王喜歡有人輔佐，卻不喜歡被人超過。

　　歷史上的薛道衡、楊脩的悲慘下場便是最好的例證。

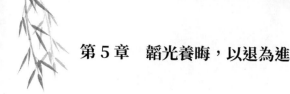

第 5 章　韜光養晦，以退為進

隋煬帝楊廣，雖是個弒父殺兄、驕奢淫逸的暴君，卻又能寫得一手好文章和詩歌，而且他頗為自負，認為自己是當代第一詩人。有一次，司隸大夫薛道衡寫了一首〈昔昔鹽〉的五言詩，被大家一致稱讚，尤其是詩中的「暗牖懸蛛網，空梁落燕泥」一聯，更是得到極高的評價，而被廣為傳頌。隋煬帝聞知後，頓時妒火沖天，後來便抓住薛道衡的一點過失，將其處死了。事後，楊廣還惡狠狠地說：「看你還能作『空梁落燕泥』嗎？」

至於三國時期的楊脩的故事，相信大家都知道。對於這個「聰明絕頂」的謀士之死，明代作家馮夢龍在《智囊》中評道：「楊脩聰明才智太顯露了，所以引起曹操的嫉恨，這樣他還能免於災禍嗎？晉代和南朝的皇帝大多數喜歡與大臣們賽詩比字爭高低，大家都記取了楊脩遭殺害的教訓，所以大文學家鮑照故意寫些文句囉嗦拖沓的文章，書法家王僧虔用拙劣的書法搪塞，這都是為了避免君主的殺害。」

這段話的意思很明白，就是機智聰明的人不要處處在上司面前露出「比上司強、比上司先懂得什麼」的樣子，否則將遭嫉恨而招致禍害。

當然，在現代文明社會裡，像楊廣、曹操那樣草菅人命的暴君已不復存在，但剛愎自用、妒賢嫉能的人卻大有人在。面對這樣的上司，你如果鋒芒畢露，愛表現，看起來比他厲害的樣子，那麼必然會遭到他的嫉恨。

一位在一家美國公司駐香港分公司做公關經理的女士，她在商場上有很高的聲譽，但卻因一件小事而被迫辭職，事情是這樣的：美國總公司的幾位最高領導者決定在港舉行宴會。除了香港公司的總經理及一些要員外，美國總部的要員當然少不了，再加上一向合作無間的大客戶，宴會非常的盛大。

作為香港分公司公關經理的她樂於以女強人自居。在任何一方面，她屬下的公關部都非常出色，這也是她引以為自豪的。不知是否勝利衝昏腦

袋，她在一些宴會中，鋒頭有時竟凌駕於總經理之上。總經理是一位好好先生，在不損及自己利益的情況下，每每讓她發言。總公司與分公司聯合宴會的機會極少，她還是首次參加。由籌備宴會開始，她抱著很謹慎的態度，務求取得總公司主管的讚美。

宴會當晚，她周旋於賓客間，確實令現場氣氛甚為歡樂。直至分別由總公司的高層主管及分公司的總經理致謝辭時，她在旁逐一介紹他們出場。輪到她的上司，即分公司總經理，她不知怎麼在介紹之前，竟先說了一番致謝辭，感謝在場客戶一直以來的支援。雖然三言兩語，卻已讓總公司的主管皺眉，因為她當時負責的，只是介紹上司出場，而非獨立發言。

在宴會進行的過程中，總公司主管曾與她交談，發現她提及公司的事時，總是發表個人意見，完全沒有提及總經理的意見。給人的感覺是，她才是分公司的最高主管。結果，分公司總經理被上級邀請開會，研究他是否堅守自己的崗位，而非懶散到由公關經理代為處理日常業務。最後，她自動辭職，原因是她認為被總經理削權，卻不知道是自己的鋒芒太露、喧賓奪主。

君子養晦，用發其光；小人養晦，冀逞凶頑。晦雖為一，秉心不同。

花要半開，出頭椽子總先爛

作為一個人，尤其是一個有才華的人，要做到不露鋒芒，既要保護自己，又能充分發揮自己的才華，不但戰勝驕傲自大的病態心理、凡事不要太張狂、太咄咄逼人，要養成謙虛讓人的美德。所謂「花要半開，酒要半醉」，鮮花盛開嬌豔的時候，就會立即被人採摘而去，其實也就是衰敗的開始。人生也是這樣。當你志得意滿時，且不可趾高氣揚、目空一切、不可一世，否則你不被當成目標攻擊才怪呢！所以，無論你有怎樣出眾的才

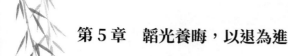

智，都一定要謹記：不要把自己看得太了不起，不要把自己看得太重要，不要把自己看成是經世濟民的聖人君子，還是收斂起你的鋒芒，掩飾起你的才華吧！

戰國時，鄭莊公準備伐許。戰前，他先在國都舉辦比賽，挑選先行官。眾將一聽露臉立功的機會來了，都躍躍欲試，準備一顯身手。

第一項目擊劍格鬥。眾將都使出渾身解數，只見短劍飛舞，盾牌晃動，鬥來衝去。經過輪番比試，選出了六個人來，參加下一輪比賽。

第二個項目是比箭，取勝的六名將領各射三箭，以射中靶心者為勝。有的射中靶邊，有的射中靶心。第五位上來射箭的是公孫子都。他武藝高強，年輕氣盛，向來不把別人放在眼裡。只見他搭弓上箭，三箭連中靶心。他昂著頭，瞟了最後那位射手一眼，退下去了。

最後那位射手是個老人，鬍子有點花白，他叫潁考叔，曾勸莊公與母親和解，莊公很看重他。潁考叔上前，不慌不忙，「嗖嗖嗖」三箭射出，也連中靶心，與公孫子都平手。

只剩下兩個人了，莊公派人拉出一輛戰車來，說：「你們兩人站在百步開外，同時跑過來搶這部戰車。誰搶到手，誰就得到這個職務。」公孫子都輕蔑地看了一眼對手便跑了起來，哪知跑了一半時，公孫子都卻腳下一滑，跌了一跤。等爬起來時，潁考叔已經搶到車了。公孫子都哪裡服氣，便跑過去搶車。潁考叔一看，拉起車來飛步跑走，莊公連忙派人阻止公孫子都，宣布潁考叔為先鋒將領。從此，公孫子都便懷恨在心。

潁考叔果然不負莊公之望，在進攻許國都城時，手舉大旗，率先從雲梯上衝上許都城頭。眼見潁考叔大功告成，公孫子都嫉妒得不得了，竟抽出箭來，搭弓瞄準城頭上的潁考叔射去，潁考叔從城頭摔下來。另一位大將瑕叔盈以為潁考叔被許兵射中陣亡了，忙拿起戰旗，又指揮士卒攻城，

終於拿下了許都。

　　因鋒芒太露而惹禍上身的典型在舊時是為人臣者功高震主。打江山時，各路英雄匯聚一個麾下，鋒芒畢露，一個比一個有能耐。主子當然需要借這些人的才能實現自己圖霸天下的野心。但天下已定，這些虎將功臣的才華並不會隨之消失，這時他們的才能成了皇帝的心病，讓他感到威脅，所以屢屢有開國初期斬殺功臣之事，所謂「卸磨殺驢」是也。韓信被殺，明太祖火燒慶功樓，無不如此。大家讀過《三國演義》後可能注意到，劉備死後，諸葛亮似乎沒有大的作為了，不像劉備在世時那樣運籌帷幄、滿腹經綸、鋒芒畢露了。在劉備這樣的明君手下，諸葛亮是不用擔心受猜忌的，並且劉備也離不開他，因為他可以盡力發揮自己的才華，輔助劉備。劉備死後，阿斗繼位。劉備活著時曾當著群臣的面說：「如果這小子可以輔助，就好好扶助他；如果他不是當君主的材料，你就自立為君算了。」諸葛亮頓時手足無措，哭著跪拜於地說：「臣怎麼能不竭盡全力，盡忠貞之節，一直到死而不鬆懈呢？」說完，叩頭流血。劉備再仁義，也不至於把國家拱手讓給諸葛亮，他說讓諸葛亮為君，怎麼知道沒有殺他的心思呢？因此，諸葛亮一方面行事謹慎，鞠躬盡瘁，一方面則長年征戰在外，以防授人「挾制」的把柄。他收斂鋒芒，故意顯示自己老而無用，以免禍及自身，這是韜晦之計。

　　「出頭的椽子先爛」，這是一句老話，這在客觀世界中是不爭的事實。君不見，一年四季，風吹雨淋，年復一年，日久天長，出頭的椽子總是先爛。

　　晦者如崖，易處而難守。惟以無事為美，無過為功，斯可以免禍全身矣。

功有巧拙，須伏藏以待東山

《陰符經》說：「性有巧拙，可以伏藏。」它告訴我們，善於伏藏是制勝的關鍵。一個不懂得伏藏的人，即使能力再強、智商再高也難以戰勝對手，甚至還會招來殺身之禍。

而伏藏的內容又可分為兩層：一是藏拙，這是一般意義上的伏藏，也是最常用的。藏住自己的弱點，不給對方乘虛而入的機會；而另一種，也是更高明的 —— 「藏巧」，也就是「養晦」。

《三國演義》記載：曹操原本對劉備不放心，消滅呂布後，讓車冑鎮守徐州，把劉、關、張一同帶回許都。既然歸順於他，也就得給點好處，於是曹操帶劉備進見獻帝，論起輩分，劉備還是獻帝的叔叔，所以後來人家叫他「劉皇叔」。劉備原先就是豫州牧，這次曹操又薦舉他當上了左將軍。曹操為了拉攏劉備，對他厚禮相待，出門時同車而行，在府中同席而坐。一般人受到如此的禮遇，應該高興，劉備卻恰恰相反。曹操越看重他，他越害怕，怕曹操知道自己胸懷大志而容不下他，更怕「衣帶詔」事發。原來，獻帝想擺脫曹操的控制，寫了一道討滅曹操的詔書，讓董承的女兒董貴人縫在一條衣帶中，連一件錦袍一起賜給董承。董承得到這「衣帶詔」，就聯合了種輯、吳子蘭、王服和劉備結成滅曹的聯盟。因為此事關係重大，完全不能透露。於是，劉備裝起糊塗來，躲在後花園種菜，連關羽、張飛都摸不透大哥為什麼變成現在這副模樣。

有一天，劉備正在後花園澆水種菜，許褚、張遼未經通報就闖進後花園，說曹操有請，要劉備馬上過去。當時關羽、張飛正對劉備那種悠閒自得的行為不滿，一起到城外去射箭。劉備只好孤身一人去見曹操，劉備心中忐忑不安，他想：難道董承之謀被發現了嗎？因為心裡有鬼，所以有些緊張。曹操笑容滿面地說：「您在家裡做什麼好事啊！」劉備嚇得一時

說不出話來。幸好曹操長嘆嘆了一口氣後，又冒出一句：「種菜也不是一件容易的事啊！」劉備這才知道曹操所說的「好事」不是指謀反，才鬆了一口氣。曹操拉著劉備的手，一直走到後花園。曹操指著園中尚未成熟的青梅，對劉備講起前不久征討張繡時發生的「望梅止渴」的故事來：「征途中酷暑難忍，士兵們口乾舌燥，我就舉起馬鞭指著前方一片樹林說，前面有一片梅林，樹上的梅子結實累累，可以止渴了。士兵們一想到酸甜的梅子，不禁流出口水，就不渴了。今天，我看到這後花園的青梅，不由得想起舊事，特地請您來賞梅飲酒。」劉備此時仍是驚魂未定，雖是心不在焉，卻還是故作認真地聽著。

剛才還是晴朗的天空，現在卻湧起團團烏雲，急風吹得梅樹刷刷地響，曹操急忙拉著劉備躲到小亭子裡。劉備這才發現，亭中已經備好一盤青梅果、一壺剛剛煮好的酒，知道是曹操早有準備。二人面對坐下，開懷暢飲，天南地北地閒聊起來。

曹操為什麼單單要請劉備來喝酒呢？原來他也是想趁酒後話多的時候，探測劉備的真心，看他是不是也像自己一樣，有不甘屈居人下，稱王稱霸的雄心。當他們喝得正起勁的時候，曹操說話了：「玄德，您久歷四方，見多識廣，請問，誰稱得上是當今的英雄？」劉備沒有想到曹操會突然談這個主題，一時不知他葫蘆裡賣的什麼藥，只好敷衍地說：「我哪配談論英雄呢？」可是曹操抓住這個話題不放，又補充一句：「即便不認識，也聽別人說過吧！」劉備見曹操一定要自己說個究竟，心裡已對曹操的用意猜出八九分。於是開始裝糊塗了，他略加思索地說：「淮南的袁術，已經稱帝，可以算英雄吧？」曹操一笑說：「他啊，不過是墳中的枯骨，我這就要消滅他！」劉備又說：「河北的袁紹，出身高貴，門生故吏滿天下，現在盤踞四個州，謀士多，武將勇，可以算英雄吧？」曹操又笑了笑說：

第5章　韜光養晦，以退為進

「袁紹外表很厲害，膽子卻很小，雖然善於謀劃，關鍵時刻卻猶豫不決。這種幹大事怕危險、見小利不要命的人，可算不上英雄。」劉備又說：「劉表坐鎮荊州，被列為『八俊』之首，可以算英雄嗎？」曹操不屑地說：「劉表徒有虛名而已，也不能算英雄！」劉備接著說：「孫策血氣方剛，已經成為江東領袖，是英雄吧？」曹操搖搖頭說：「孫策是憑藉他父親孫堅的名望，算不得英雄。」劉備又說：「那益州的劉璋能算英雄嗎？」曹操揮揮手說：「劉璋只仗著自己是漢家宗室，不過是個看家狗，怎麼配稱英雄呢？」

劉備見這些割據一方的大軍閥都不在曹操眼裡，只好說：「那麼像漢中張魯、西涼韓遂、馬騰這些人呢？」曹操一聽劉備說出的盡是一些二流的名字，忍不住拍手大笑說：「這些碌碌的小輩，何足掛齒啊！」劉備只好搖搖頭說：「除了這些人，我可實在不知道還有誰配稱英雄了。」

曹操停住笑聲，盯著劉備說：「英雄，就是要胸懷大志，腹有良謀。所謂大志，志在吞吐天地；所謂良謀，謀能包藏宇宙。」說完，他仔細觀察劉備的反應。劉備假裝不知，故意問道：「請問，誰能稱得上呢？」曹操用手指指劉備，又比比自己，神祕地說：「現在稱得起英雄的，只有你和我啊！」一聽到這話，劉備不由得心中一震，嚇得手一鬆，筷子掉到了地下。此時，恰巧閃電出現，雷聲隆隆作響。劉備彎腰撿起筷子，緩緩地說：「天威真是厲害，這雷聲幾乎把我嚇壞了。」

曹操藉由對世間英雄的一番議論，觀察到劉備聞雷時掉筷子的情景，還真以為劉備不但是個目光不夠遠大之人，而且是讓雷聲嚇到掉筷子的膽小鬼，忍不住哈哈大笑起來。從此，對劉備的戒備也就鬆弛了許多，最終使劉備尋得脫身到徐州的機會。

劉備正是依靠裝呆作痴，隱真示假，行韜晦之計，屈中求伸，使自己的利益在朦朧中得以保全，以待東山再起。

劉備藏而不露，人前不誇張、顯炫、吹牛、自大，裝聾作啞，不把自己算進「英雄」之列。這辦法是很讓人放心的。他的種菜、他的數英雄，至少在表面上收斂了自己的行為。一個人在世上，氣焰是不能過於張揚的。李白有一句耐人尋味的詩，叫「大賢虎變愚不測，當年頗似尋常人」，揭示了另一種意義上的保藏用晦的處世法。這是指在一些特殊的場合中，人要有猛虎伏林、蛟龍沉潭那樣的伸屈變化之胸懷，讓人難以預測，而自己則可在此期間從容行事。

洪應明《菜根譚》：「藏巧於拙，用晦而明，寓清於濁，以屈為伸，真涉世之一壺，藏身之三窟也。」

一個人要想擁有足以藏身的三窟，作為自己處世的安全之道，第一除了要藏巧於拙鋒芒不露之外，第二還要有韜光養晦不使人知道自己才華的修養功夫。此外，在汙濁的環境中保持自身的純潔也極重要，要把自己鍛煉成有如荷花一般「出淤泥而不染」。

所以，做人寧可裝得笨拙一點，不可顯得太聰明；寧可收斂一點，不可鋒芒畢露；寧可隨和一點，不可自命清高；寧可退縮一點，不可太積極前進。這才是立身處世最有用的救命法寶，這才是明哲保身最有用的狡兔三窟。

是故德高者愈益倨伏，才俊者尤忌表露，可以藏身遠禍也。

▌不爭為爭，天下莫能與之爭

老子說：「夫唯不爭，故無尤。」這句話的意思是，正因為不與人相爭，所以遍天下沒人能與他相爭。

可惜的是，真正能醒悟和運用這句話的人很少。在名利和權位面前，人們忘記了一切。為了追求名利、權位鉤心鬥角、不擇手段，恨不得將別

人一腳踩扁在地上。可到頭來，這些爭得你死我活的聰明人，大都落得遍體鱗傷、兩手空空，有的甚至身敗名裂、命喪黃泉。

某部門部長退休在即，圍繞這個即將空出的部長「寶座」，部門裡鬥得烏煙瘴氣。資歷老一點的以資歷為賣點，學歷高一點的以學歷為驕傲……各自表功，又互拆臺面。公司裡一時雞飛狗跳、一片狼藉。最後，組織上任命沒有參與這場爭鬥的老王為代理部長。半年後，老王正式成為部長。此事似乎在大家的意料之外，細細探究，卻又合情合理。

三國時的曹操，很注重接班人的選擇。長子曹丕雖為太子，但次子曹植更有才華，文名滿天下，很受曹操器重，於是曹操起了換太子的念頭。

曹丕得知消息後十分恐慌，急忙向他的貼身大臣賈詡討教。賈詡說：「願您有德性和度量，像個寒士一樣做事，兢兢業業不要違背做兒子的禮數，這樣就可以了。」曹丕聽完後，非常認同賈詡所說的話。

一次曹操親征，曹植又在高聲朗誦自己的文章來討父親歡心，並顯示自己的才能。而曹丕卻伏地而泣，跪拜不起，一句話也說不出。曹操問他什麼原因，曹丕便哽咽著說：「父王年事已高，還要掛帥親征，作為兒子心裡又擔憂又難過，所以說不出話來。」

一言既出，滿朝肅然，都為太子如此仁孝而感動。相反地，大家倒覺得曹植只知道為自己揚名，未免華而不實，有悖人子孝道，作為一國之君恐怕難以勝任，畢竟會寫文章不能代表品行高，也不能代表有治國的能力。於是「按既定方針辦」，太子仍然是原來的太子。曹操死後，曹丕順理成章地登上魏國皇帝的寶位。

其實剛開始時，曹丕是極不甘心自己的太子之位要被弟弟奪走的，他想拼死一爭，卻又明知自己的才華遠在曹植之下，勝數極微。一時竟束手無策，但他畢竟是個聰明人，經賈詡的點化，腦瓜頓時開竅，運用大智若

愚的戰術：爭是不爭，不爭是爭。與其爭不贏，不如不爭，我只需恪守太子的本分，讓對方一個人盡情去表演，以短克長，以愚對智。最後，這場兄弟奪嫡之爭，以不爭者勝而告終。

曹丕以不爭而保住太子之位，而東漢的馮異則以不爭而被封侯。

西漢末年，馮異全力輔佐劉秀打天下。一次，劉秀被河北五郎圍困時，不少人背離他去，馮異卻更加恭維劉秀，寧可自己餓肚子，也要把找來的豆粥、麥飯進獻給飢困之中的劉秀。河北之亂平定後，劉秀對部下論功行賞，眾將紛紛邀功請賞，馮異卻獨自坐在大樹底下，隻字不提飢中進貢食物之事，也不報請殺敵之功。人們見他謙遜禮讓，就為他起了個「大樹將軍」的綽號。爾後，馮異又屢立赫赫戰功，但凡議功論賞，他都退居廷外，不讓劉秀為難。

西元 26 年，馮異大敗赤眉軍，殲敵 8 萬人，使對方主力喪失殆盡。劉秀馳傳璽書，要論功行賞，「以答大勳」，馮異沒有因此居功自傲，反而馬不停蹄地進軍關中，討平陳倉、箕穀等地亂事。嫉妒他的人誣告他，劉秀不為所惑，反而將他提升為征西大將軍，領北地太守，封陽夏侯，並在馮異班師回朝時，當著公卿大臣的面，賜他以珠寶錢財，又講述當年豆粥、麥飯之恩，令那些為與馮異爭功而進讒言者，羞愧得無地自容。

再講個有關老百姓自己的故事。古時江南有一個大家族，老爺年輕時很風流，養了一大群妻妾，生下一大堆兒子，看著自己一天一天變老，他心想：這麼大一個家當總得交給一個兒子來管吧！可是，管家的鑰匙只有一把，兒子卻有一大群。於是，兒子們鬥得你死我活。這時，只有一個兒子默默地站在一邊，只幫老爺處理事情，從不參與爭鬥。爭來鬥去，老爺終於想明白了，這把鑰匙交給這群爭吵的兒子中的任何一個，他都會管不好。最後，老爺將鑰匙交給了不爭的那個兒子。

99

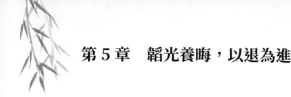

有道是人不為己，天誅地滅，因此在社會的每一個角落裡，爭名奪利的事情每天都在發生，有人為的圈套，也有自然的陷阱，它們如同一個巨大的漩渦，把無數人都捲了進去。

對此，最明智的做法是，迅速遠離它！

—— 因為，在橫渡江河時，只有遠離漩渦的人，才會最先登上彼岸。

破敵謀，挫敵鋒，勇武猛鷙成不如晦之為用。

耐心等待，該出手時才出手

耐心是克敵制勝的有效武器。在政治鬥爭中，需要耐心地等待時機，在激烈的商戰中，同樣需要耐心地等待時機。而一旦時機成熟，就必須毫不遲疑地發展自己，把對手擊垮。

歷代奸相中，大概沒有誰比嚴嵩的影響更大了。在他當政 20 多年裡，「無他才略，唯一意媚上，竊權罔利」、「帝以剛，嵩以柔；帝以驕，嵩以謹；帝以英察，嵩以樸誠；帝以獨斷，嵩以孤立。」與昏庸的嘉靖帝關係和諧。

嚴嵩之所以當政長達 20 餘年，與嘉靖帝的昏庸有著十分密切的關係。世宗即位時年僅 15 歲，是一個乳臭未乾的孩子，再加上不學無術，在位 45 年，竟有 20 多年住在西苑，從來不回宮處理朝政。正因如此，才使得奸臣有機可乘。事實上，在任何一個國家的任何朝代，昏君之下必有奸臣。

雖然嚴嵩進入內閣時已年過 60，老朽糊塗。但其子嚴世蕃卻奸猾機靈。他通曉時務，熟悉國典，頗能迎合皇帝。故當時有「大丞栩、小丞相」之說。在嚴嵩當政的 20 多年裡，朝中官員升遷貶謫，全憑賄賂多寡，所以很多忠臣都被嚴嵩父子加害致死。

為了反對嚴嵩弊政，不少愛國志士為此進行了前仆後繼、不屈不撓的

鬥爭，也有不少志士因此獻出了生命。在對嚴嵩的鬥爭中，徐階發揮了決定性的作用。

徐階在起初始終深藏不露，處理朝政既光明正大又善施權術。應該說，在官場角逐中既能韜光養晦，又會出奇制勝，是一位有謀略的政治家。他圓滑的性格被剛直的海瑞批評為「甘草國老」。雖然他「隨和調事」，但仍與嚴嵩積怨日深。即便形勢對徐階不利，徐階仍然對皇帝十分恭謹，「以冀上憐而寬之」；另一方面，對嚴嵩「陽柔附之，而陰傾之」，雖內藏仇恨，表面上卻做出與嚴嵩「同心」之姿態。為了消除嚴嵩的猜忌，徐階甚至又將長子之女許婚於嚴世蕃之子。

時機終於來了。嘉靖四十年十一月二十五日夜，嘉靖皇帝居住近20年的西苑永壽宮付之一炬。大火過後，皇帝暫住潮濕的玉熙殿。工部尚書雷禮提出永壽宮「王氣攸鍾」，宜及時修復，而眾公卿卻主張遷回大內，這樣既省錢又可恢復朝政。當皇帝詢問嚴嵩的意見時，嚴嵩卻提出皇帝應暫住南宮 —— 這是明英宗被蒙古瓦敕部也先俘虜放回後景帝將其軟禁的地方。嘉靖當然不願意住在這樣一個「不吉利」的地方。嚴嵩的這個建議使皇帝十分不悅，他怎麼也沒想到會因為這個建議，使得自己漸漸失寵。

徐階得到這樣一個千載難逢的好機會，當然不會輕易放過。所以他表現出十分忠誠的樣子，提出修復永壽宮的具體規劃。次年3月，工程如期完工，皇帝喜不自禁，從此將寵愛轉移到徐階身上。

為達到置嚴嵩於死地的目的，徐階還利用皇帝信奉道教的特點，設法表明罷黜嚴嵩是神仙玉帝的旨意。他把來自山東的道士藍道行推薦入西苑，為皇帝預告吉凶禍福。不久，便借助偽造的乩語，使嚴嵩被罷官，嚴世蕃被斬。

尺蠖之曲，以求伸也；龍蛇之蟄，以求存也。

第 5 章　韜光養晦，以退為進

第 6 章
吃虧是福，百忍成金

　　吃虧是福，百忍成金，是一種大智若愚的高超處世方法。它包涵了愚鈍者的智慧、柔弱者的力量。領略了人生的豁達、安祥與寧靜。與這個貌似消極的處世方法相比，一切所謂的積極哲學都顯得幼稚與不夠穩重，以及不夠超脫與圓滑。

▎楔子

　　清代康熙在位時，當朝宰相張廷玉與一位姓葉的侍郎都是安徽桐城人，兩家比鄰而居，兩家都要起房造屋，為爭地皮，家人之間發生了爭執。

　　張老夫人便修書北京，要兒子出面解決。張廷玉看完信後，立即作詩勸導老夫人：「千里家書只為牆，再讓三尺又何妨？萬里長城今猶在，不見當年秦始皇。」張母見了兒子的信後，主動把牆退後三尺；葉家見此情景，深感慚愧，也馬上把牆退後三尺。這樣，張葉兩家的院牆之間，就形成了六尺寬的巷道。

　　讓一讓，六尺巷。古代開明之士尚能如此，今人之間處理小是小非，是應該比封建時代更高一籌的。滋味濃時，減三分讓人食；路徑窄處，留一步與人行。留人寬綽，於己寬綽；與人方便，於己方便。這是古人總結出來的處世祕訣。

　　留有餘地，包含兩方面意思，一是為自己留餘地，使自己行不至於絕處，言不至於極端，有進有退，措置裕如，以便日後更能機動靈活地處理事務，解決複雜多變的社會問題。二是為別人留餘地，無論在什麼情況下，也不要把別人逼向絕路，萬不可置人於死地，迫使對方做出極端的反抗。這樣一來，事情的結果對彼此都沒有好處。

　　很多時候，人能生時定要求生，有百條生存之路可行，鬥爭中斷掉九十九條，只要留一條路給他走，他便不會來和你拼命。倘若連他最後一條路也給斷了，他必定會揭竿而起，拼命反抗。想一想，世界之大，人事之繁，何必逼人無奈、激人至此呢？

　　為別人留餘地，本質上也是為自己留餘地。斷盡別人的路徑，自己路徑亦危；敲碎別人的飯碗，自己飯碗也脆。

　　吃虧是福，百忍成金。不讓別人為難，不於自己為難，讓別人活得輕鬆，讓自己活得闊綽，這就是吃虧與忍讓的好處。

趨福避禍惟吃虧

　　大智者，其行為常常是若愚的。而且，唯有其「若愚」，才顯其「大智」本色。其中的「若」這個字在這裡很重要，也就是「像」的意思，而不是「是」的意義。以下是唐代的兩位智者寒山與拾得的對話。

　　一日，寒山問拾得說：「今有人侮我、笑我、藐視我、毀我傷我、嫌惡恨我、詭譎欺我，則奈何？」拾得回答說：「但忍受之，依他、讓他、敬他、避他、苦苦耐他、不要理他。且過幾年，你再看他。」

　　那種高傲不可一世的人的結局一定不會太好，而我們也可以想像得出拾得勝利的微笑 —— 儘管這可能是一種超脫圓滑的微笑。不過，它的確會替我們的生活帶來一點好處。

　　「撲滿」，就是我們常常說的用泥瓷或陶土做的存錢筒。在小時候，我們常將父母給的一些零用錢放進去，當這個存錢筒滿的時候，我們就將這存錢筒打破，而將裡面的錢取出來。然而，當它是空的時候，它卻可以保全它的自身。

　　所以，如果我們知道福禍常常是並行不悖的，而且福盡則禍亦至，而禍退則福亦來的道理。因此，我們真的應該採取「愚」、「讓」、「怯」、「謙」這樣的態度來避禍趨福。

　　「吃虧」往往是指物質上的損失，但是一個人的幸福與否，卻往往是取決於他的心境如何。如果我們用外在的東西，換來了心靈上的平和，那無疑是獲得了人生的幸福，這便是值得的。

　　若一個人處處不肯吃虧，則處處都想占便宜。於是，驕心日盛，而一

個人一旦有了驕狂的態勢，難免會侵害別人的利益，於是便起紛爭。在四面楚歌之中，又焉有不敗之理？

因此，人最難做到的就是在「吃虧是福」的前提下，認識到兩點，一個是「知足」，另一個就是「安分」。「知足」則會對一切都感到滿意，對所得到的一切，內心充滿感激之情；「安分」則使人從來不奢望那些根本就不可能得到的或根本就不存在的東西。沒有妄想，也就不會有邪念。一切的禍患不都是在於人們的「不知足」與「不安分」，或者說是不肯吃虧而引起的嗎？

大多數人總是相信一切都能透過努力而得到改變，但也有些人卻認為，一切努力都是徒勞的，這兩種不同的思想放在一起，就產生出一種不朽的東西，即寧肯吃一點虧也要換來和平與安全。而在此和平與安全時期之內，我們可以重新調整我們的生命，並使它再度放射出絢麗光芒。

而善於吃虧的人一般平安無事，而且一般不會吃大虧，所謂善有善報。相反地，總愛貪便宜的人最終不會有真正的便宜，而且還會留下罵名，甚至因貪小便宜而毀了自己，所謂惡有惡報。

「吃虧是福」是哲人們所總結出來的一種人生觀 —— 它包含了愚笨者的智慧、柔弱者的力量，領略了人生的豁達和由吃虧忍讓而帶來的安詳與寧靜。與這個貌似消極的哲學相比，一切所謂積極的哲學都會顯得幼稚與不夠穩重，以及不夠超脫與圓滑。

「吃虧是福」的信奉者，同時也一定是一個「和平主義」的信仰者。林語堂在《生活的藝術》中對所謂「和平主義者」這樣寫道：「中國和平主義的根源，就是能忍耐暫時的失敗，靜待時機，相信在天地萬物的體系中，在大自然動力和反動力的規律運行之上，沒有一個人能永遠占著便宜，也沒有一個人永遠做『傻子』。」

　　吃虧與忍讓常是連在一起的，怕吃虧的人很難做到忍讓，若什麼事都怕吃虧，日子久了就會眾叛親離，變成孤家寡人。這不是別人吃不起虧，而是看不慣這種作風。因為對這種人，從感情與心理上就有了討厭與反感，首先是從人品上疏遠了，怎麼能與之深交與共事呢？古人講「吃虧是福」，實際就是告誡人們：對吃虧的事要看開點、想遠點，路遙知馬力，日久見人心，做人處事，還是忠實厚道為好。

　　路徑窄處，留一步與人行；滋味濃時，減三分讓人嗜。此是涉世一極安樂法。

▌吃虧就是占便宜

　　小楊是某廣告公司的文案，頭腦靈活，文筆很好，但更可貴的是他的工作態度。那時公司正在進行一場大型廣告製作，每個人都很忙，但老闆並沒有增加人手的打算，於是公司的人有時也被派到其他部門幫忙，但整個公司只有小楊接受老闆的指派，其他的人都是去一兩次就抗議了。

　　小楊說：「吃虧就是占便宜嘛！」

　　事實上也看不出他有什麼便宜好占，因為他有時像個雜工一樣。

　　兩年過後，小楊離開了那家廣告公司。

　　原來他是在「吃虧」的時候，反而把廣告公司的各個運作流程的工作都摸熟了，出去後自己成立了一家廣告公司，他真的是占了「便宜」啊！

　　所以建議你，用「吃虧就是占便宜」的態度來做事，保證你受益無窮。

　　「吃虧」有兩種，一種是主動的吃虧，一種是被動的吃虧。

　　「主動的吃虧」指的是主動去爭取「吃虧」的機會，這種機會是指沒有人願意做的事、是困難的事、是報酬少的事。這種事因為無物質便宜可占，因此大部分的人不是拒絕就是不情願，如果你主動爭取，老闆當然對

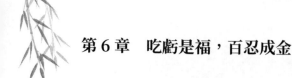

你感激有加，一份情感必會記在心上，日後無論你是升遷或是自行創業，他都是可能幫助你的人，這也是對人際關係的幫助。最重要的是，你什麼事都做，正可以磨練你的做事能力和耐力，不但懂得比別人多，也進步得比別人快，這是你的無形資產，絕不是用錢能買得到的。

「被動的吃虧」是指在未被告知的情形下，突然被分派了一個你並不願意做的工作，或是工作量突然增加。碰到這種情形，除非健康因素或家庭因素，否則就應接下來；如果冷眼旁觀周圍環境，發現也沒有你抗拒的餘地，那就更應該「愉快」地接下來。也許你不太情願，但事情已成定局，也只好用「吃虧就是占便宜」來自我寬慰，要不然怎麼辦呢？至於究竟有沒有「便宜」可占，那是很難說的，因為那些「虧」有可能是對你的試煉，考驗你的心志和能力，或許是為了重用你啊！姑且不論是否「重用」你，在「吃虧」的狀態下，磨練出了你的耐性，這對你日後做事絕對是有幫助的。我的一個朋友拜託我給他兒子介紹一個工作，這個孩子是電腦專業的大學畢業生。我把他推薦給一個圖書發行公司的老闆，老闆先請他吃飯，然後安排他到書庫實習，結果這個孩子不辭而別。老闆後來對我說：「現在的年輕人真怪！不熟悉整個公司工作流程，怎麼談得上管理，又怎麼用電腦管理。」老闆還說：「我是把他當作人才來使用的，誰知他竟然這麼不懂事。我從來不請員工吃飯，他是第一個。」

看來做事「吃虧就是占便宜」，做人何嘗不是如此。

做人比做事難，但如果也有「吃虧就是占便宜」的心態，那麼做人其實也不難；因為人都喜歡占人便宜，你吃一點虧，讓人占一點便宜，那麼你就不會得罪人，人人當你是好朋友！何況拿人手短，吃人嘴軟，今天占你一點便宜，心裡多少也會過意不去，只好在恰當時候回報你，這就是你「吃虧」之後所占到的「便宜」！

吃得虧中虧，方有福中福。

捨小求大建奇功

從最功利的目的而言,吃虧的目的在於以小搏大,不計較眼前的得失而著眼於大目標。正如魚餌是為了誘魚上鉤,要得到的是魚,而不是無償地拿魚餌去填魚肚。魚要吃到食物,就得付出生命的代價。

唐代有個叫竇公的商人,很善於經營家業,但財力上很困難。他在京城裡有一塊寶地,與大宦官的地段相鄰。宦官看中這塊地想得到它,這塊地僅值五六百緡(古代一千文為一緡),竇公很高興地把這塊地獻給了那位大宦官,卻根本沒有提價錢。在討得宦官十分歡喜之後,他就藉故說自己打算去江淮,希望得到兩三封信給神策軍中的護軍,那宦官便替他寫了幾封信。竇公借這些信在江淮做生意總共獲利三千緡。從此,他的事業便發展起來。

長安城東郊有一片空地,地勢低窪有積水,竇公就用低廉的價錢買到手,然後讓女傭人帶著蒸餅盤在那塊空地上引誘兒童:哪個孩子如果扔磚瓦擊中空地上的一個目標,就獎勵他一個蒸餅。小孩們都跑來爭相扔磚瓦石塊,這樣那片窪地填平了十分之六七。接著又用好土墊在上面,在這塊地上蓋起了一座旅店專門留波斯的商人居住,每月能獲利數百緡。

南朝的宋孝武帝劉駿,喜愛賭博,每次賭博時都下大賭注。人們懼怕他的權勢,賭博時都要讓他幾分。贏錢的時候多了,劉駿便以賭為聚財手段。

朝廷中有個叫顏師伯的大臣,在做官期間貪汙受賄,聚斂了大量金錢。劉駿知道後十分眼紅,便想狠狠地搜刮他一下,於是就派人請顏師伯來賭博。

誰知顏師伯狡猾無比,心中明白劉駿的打算,想借此機會在官位上得到升遷。為了討得劉駿歡心,他故意連輸兩局,果然使劉駿十分高興,興趣越發濃厚。

第6章 吃虧是福，百忍成金

有一次，劉駿和顏師伯又賭了起來。劉駿先擲骰子，一下擲了個「雉」點，立刻高興不已，以為這一局穩操勝券，因為「雉」點為上乘，很不容易擲到。沒想到，過沒多久局勢便急轉直下。顏師伯輕輕一擲，得到一個最佳點「盧」點，級別在「雉」點之上。

劉駿見狀大驚失色，眼看輸錢已成定局。然而，早有預謀的顏師伯卻鎮定自若，裝作不知道，迅速抓過骰子，平靜地說：「我差點得個『盧』點。」這樣一來，顏師伯當場輸給劉駿一百萬錢。

自幼機敏的劉駿，對顏師伯的「作弊」心領神會，樂不可支地收下贏錢。不久之後，劉駿提拔顏師伯當了宰相。

官位一到手，顏師伯就更加肆無忌憚地搜刮人民的血汗錢，財物滾滾而來，把輸給劉駿的錢成十倍百倍地賺了回來。

劉駿只顧與顏師伯賭得高興，對他更加放任，顏師伯的權勢因此顯赫一時。人們背地裡議論說，顏師伯這是以錢釣官，賺了大錢。

從某種意義上說，這場賭博的遊戲還算得上是一次「公平」交易。一方著急地想贏錢，另一方為了更大的目的有意輸錢；一個願打，一個願挨，各取所需，各得其樂，互不相怨。

大智若愚，大得若失。總而言之，「吃小虧賺大便宜」這一大智若愚術在於以小本賺大利。在人際關係中，很多東西都是相互連繫的、相互依存的，人與人之間難免有些明爭暗鬥，有些摩擦。因此，在適當時候恰當地捨小求大，往往會收到奇效。

局量寬大，即住三家村裡，光景不拘；智識卑微，縱居五都市中，神情亦促。

▍煩惱皆因不忍生

　　人類社會發展到今天，已進入競爭的時代，就連小學生也懂得樹立競爭意識，凡事當仁不讓。越是競爭的時代，這「忍」字經就越難念；但越是競爭的時代，「忍」字經越得念，而且還得常念，方能確保競爭狀態始終旺盛不衰。今天，如果一個人只懂得競爭、進取、衝擊，卻不懂得忍耐、克制，甚至退讓，那他就只能算一個沒有頭腦的「勇夫」。處在這個彰顯自我的時代浪潮之中，人人都有一種強烈的緊迫感、危機感，因此拼搏、進取、競爭都是正常的。不堪寂寞、焦躁不安、躍躍欲試，成為一種傳染病。於是，改行的、跳槽的，經商的、出國的，什麼都有；人心思變，人心思動，人心思錢，大家都想趁此良機，幹大事，賺大錢，成大器，體現自己的人生價值，尋找自己的社會位置。然而時代只提供了機遇，卻無法保證每一個人都能獲得成功，甚至一舉成功。凡事均有長有短、有圓有缺、有利有弊、有勝有敗，何況人生，從生命的孕育期就充滿了矛盾，遍布坎坷和曲折。要想經受人生的種種磨難和時代的考驗，每一個人都應該具備承受挫折、失敗和痛苦的心理素質，「忍」字經在這期間將是你勝不驕，敗不餒，能進能退，能屈能伸的「良師益友」。「忍一時之氣，免百日之憂，一切諸煩惱，皆從不忍生。莫之大禍，起於斯須之不忍。」宋朝王安石之語，可謂真知灼見。

　　有時，我們之所以需要「忍」，倒不在於單單積蓄力量、掌握主動權。為了真正地在某一事件中弄清真相，了解實情，而不莽撞貿然地憑著一時的衝動和義氣辦事，也需要「忍」。有位小夥子，做事的確有一股衝勁。敢說敢做且敢於承擔責任。然而，這樣一種本來非常好的性格卻被一些別有用心的人所利用。一次，他的一位同事在廠外與人打架，衣服撕破了，也流血了。上晚班時，被這位小夥子看見，也嚇了一跳。這位同事

第6章　吃虧是福，百忍成金

本來吃了虧就已經不服氣、想報復，想奪回面子。小夥子一問起這件事，便添油加醋地大大誇張了一番，並且還把這位小夥子也扯了進來，說是對方也要「治他」，叫他「別囂張」。這位小夥子沒聽到就算了，一聽完便火冒三丈，當場拿起一根木棍，跑去找人算帳。結果，不分青紅皂白地將那人打了一頓。後來，他為此受到了十分嚴厲的責罵，賠償了對方的醫療費。事後，根據調查，對方根本就未曾提起他。儘管兩人彼此也認識，但與那位同事的打架僅僅是他們倆人之間的私事。這位小夥子懊惱不已，埋怨自己太衝動，頭腦簡單，以至犯下了大錯。

顯然，在自己受到攻擊、侮辱、謾罵等等之後，首先要「忍」下來。認真地、仔細地了解事情的來龍去脈，然後再做判斷，無疑是一種強者的風格和心態。真正有本事回擊自己的對手，又何必一朝一夕呢？只有充分相信自己能力的人，才能夠處變不驚。先「忍」住，把事情搞清楚，再做決斷不遲。在實際生活中，我們經常遇到這一類事。它可能是一種平白無故的批評，也可能是一種莫名其妙的指責；它可能來自於同事和朋友們的誤解，也可能是出於某些不安好心的人的唆使和陰謀。在這種情況下，如果我們不明察事理，則很容易把事情弄糟。甚至把好事辦成壞事。而「忍」則有助於我們擁有更多時間和機會去把事情弄清楚。而一旦了解事情的真相，掌握了充分的證據和理由，豈不是更有力量去應付人生的種種挑戰，解決生活中迎面而來的困難嗎？這樣的人難道不是強者嗎？相反地，輕率浮躁、感情用事，必然會在無理的情況下落敗而逃。儘管威武有力，又怎麼能對付得了人世間的撲朔迷離和紛繁複雜呢？

具體到我們的日常生活和工作中，「忍」功的修練可以從以下幾點著手。

首先，吃虧而不慌。人們通常害怕吃虧，覺得吃虧是很倒楣的事。究

竟什麼是「吃虧」呢？究其根底，不過是個人的某些利益受到了損害。於是，一旦感到自己吃了虧，便慌張起來，趕緊採取一些補救措施，力求把受損的利益補回來。而這樣一慌，便非常容易出亂，一出亂，災難隨之而來。因此，「吃虧而不慌」，也是「忍」的一種常見方式。

在這種方式中，非常重要的一個特點便是「不慌」。吃虧是經常的事，而且它本身也會有各式各樣的形式。就一般人而言，吃了虧，心裡總是不好受的，會自然而然地產生一種失落感，這是正常的，也不必要求一定要阿Q式地自我解脫。關鍵在於不能為此而慌張起來，急著要把損失搶回來。「忍」就是需要「忍」在這個地方。要了解自己雖然吃了虧，其實也是得到一個教訓，學聰明了一點，為人生交了一次「學費」。以後，便可以在生活中更機警、更聰明一點。如果急著補救，可能會因小失大。

其實，在生活中有很多事情自己覺得是吃了虧，但實際上並非如此。切不可事事過於功利。「塞翁失馬，焉知非福」。多想一想，先別慌，「忍」下來，總會有好處的。

其次，「上當」就「上當」。在日常生活中，通常把誤信了某人的話、某件事、某個消息，而採取了錯誤的決策，做出了錯誤的判斷，實施了錯誤的行動，而導致某種不利的結果，稱之為「上當」。很多人一旦「上當」之後，往往惱羞成怒，一味地指責那些害自己上當的人。這顯然是不理智的。「上當」就「上當」，則是「忍」的另一種形式。既然已經上了當，又怎麼辦呢？你接受不接受這一事實都是同樣的。會「忍」的人則往往採取某種比較機智的做法，既然已經上當了，就心平氣和地認可它，試著用自我解嘲、幽默的方式來化解。

在這種「忍」的形式中，「就」這一思路是非常重要的。它表明了人們接受某種已經發生的客觀事實的坦誠心態，有了這樣一種心態。便很容

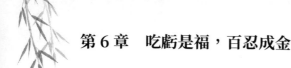

易把這種上當的事看成不足掛齒的瑣事，以至於將它作為一種笑話豐富自己的生活。很顯然，在已經上當的情況下，你就算把有關的當事人大罵一通，對自己也無濟於事。既然如此，又何必呢？

第三，容人之過。所謂「容過」，就是容許別人犯錯誤，也容許別人改正錯誤。不要因為某人一有某種過失，便看不起他，從此用怪異的眼神去看待對方，這也是一種「忍」的形式。

孰人無過呢？誰都可能犯錯誤。這樣一般而論，可能比較容易。而「容過」講的則是這樣一種「過」，它為自己帶來了一定的損害，或在某種程度上與自已有關。例如，自己的下屬有了過錯，自己的合作者有了過錯，或者是自己的家人有了什麼過錯等等。在這種情況下，能否有一種寬容的態度對待這種「過」，當然是衡量人素質的一個標準。「容過」這種忍就是要壓制或克服自己內心對於當事人的歧視，儘管覺得沮喪，但卻應該設身處地地為當事人著想，思考看看自己如果在這種場合下會如何處理，在做錯了某事之後又會是什麼樣的心情。當然，這裡需要「容」，需要「忍」的是當事人，而對於具體的事情本身則應該講清楚，該批評的地方必須批評。

由此可見，「容過」這種「忍」的形式主要反映了人們的一種寬厚、寬恕的人格。很顯然，能夠「容過」的人，往往能夠建立起和諧的人際關係，良好的群眾基礎。同時，也能夠得到人們的讚許和認可。

第四，戒遷怒。有時，人們可能在某一特定場合中出於一定的原因暫時地「忍」下來了。可是，人們往往還是壓抑不住情緒。於是，便把怒氣發洩在不相干的人身上，這就是「遷怒」，而「戒遷怒」也是「忍」的一種必要的形式。

能否真正做到「戒遷怒」，是衡量一個人是真「忍」，還是假「忍」的重要方式。有些人被上司責罵，回來後對著自己的下屬發脾氣；有些人

在工作中不順、受了委屈、出了差錯，便回家找自己的妻子、孩子出氣。這樣，無疑是缺乏修養的表現，而且是害人又害己。「戒遷怒」正是要防止這些狀況。曾經有人這樣認為，有氣憋在肚子裡，對身心健康不利，這句話當然是有道理的。有氣當然可以釋放，但發洩的物件、場合、地點要適當，絕不能隨便地發洩，避免傷害到別人。從心理學上講，這種遷怒的主要原因常常是由於自己的負面情緒揮之不去，又無法轉移自己的注意力所導致。「戒遷怒」便是希望人們在心裡冒著一團火的時候，盡快地轉移自己的注意力。這樣，便可以透過其他的途徑解脫自己。而且，更重要的是，當這樣一種「氣」使用在有價值的事情上時，或者說被用於某種有益的工作時，它往往會產生一種更好的效果。例如，某人在某件事情上受了委屈，一肚子氣無處發洩。於是，回到家裡，便拿起斧頭，拼命地砍柴，一下子就把所有木柴都劈好了。這難道不是反而做了好事嗎？這或許也就是人們常講的「昇華」吧！

不難知道，如果人們不能夠真正地「忍」，而總是借遷怒去發洩自己的憤恨，反而會為人們帶來一種對自己的蔑視，認為是沒有本事，只能拿好欺負的人出氣。而一旦做到這種「戒遷怒」反而會受到人們的尊敬，認為你是一位拿得起、放得下的人。而且，還能獲得他人的信任。

忍一時之氣，免百日之憂，一切諸煩惱，皆從不忍生，莫之大禍，起於斯須之不忍。

小不忍則亂大謀

日本前首相竹下登，在他的整個政治生涯中，無時無刻不得益於他的忍耐精神。竹下登在談到他的經驗時說，「忍耐和沉默」是他在協助老師佐藤榮作首相時所學到的政治風度。

第6章　吃虧是福，百忍成金

「忍」是成功的祕訣。如：越王勾踐、韓信都是能「忍」之人，忍過臥薪嘗膽、胯下之辱，最終度過了難關，成就了大業。清朝的金蘭生在《格言聯璧·存養》中說：「必能忍人不能忍之觸忤，斯能為人不能為之事攻。」戰國時期，有一位出生於魏國的範雎，因家境貧窮，年輕時在魏國大夫須賈手下當門客。有一次，須賈奉命出使齊國，范雎作為隨從前往。到了齊國，齊襄王遲遲不接見須賈，卻因聽說範雎的辯才，派人賞賜給範雎十斤黃金和酒肉，但範雎辭謝了。須賈卻由此產生了疑心，認為範雎一定是把國家機密告訴齊國，才會得到那樣的厚賜。回國後，須賈將自己的疑心告訴了魏國宰相魏齊。魏齊下令把范雎傳來，用竹板責打他，打斷了肋骨，打掉了牙齒。範雎假裝死了，被人用蓆子捆起來，丟在廁所裡。接著魏齊設宴喝酒，喝醉後便輪流朝範雎身上小便。後來，範雎設法逃出魏國，改換姓名，輾轉到了秦國，當了秦國的宰相。

誰都不甘願只當個平凡人，誰都想功成名就，成就一番大業，可是這世界上能成大業的人卻不多，這當然是許多原因造成的。例如要有良好的社會背景，有千載難逢的機會，也要有智商、有內涵、有修養等等。其中，「忍」也是成就大業的重要因素。

孔子曰：「小不忍則亂大謀」。也就是說想成大業、做大事，就得忍受那些小欲望，排除各種干擾。說白了，就是「放長線釣大魚」。對於有理想、有抱負的人我們應該加以鼓勵，想要成就一番事業，應該「忍一時所不能」，忍一時風平浪靜，退一步海闊天空。「忍」能使自己認清時務、進退自如。

成語「負荊請罪」的故事千古流傳：藺相如身為宰相，位高權重，而不與廉頗計較，處處禮讓，何以如此？為國家社稷計也。「將相和」則全國團結；國無嫌隙，則敵必不敢乘。藺相如的忍讓，正是為了國家安定

之「大謀」，忍讓成大事。相反地，不忍讓而「亂大謀」的事也不少見。楚漢相爭時，項羽吩咐大將曹咎堅守城皋，切勿出戰，只要能阻住劉邦15日，便是有功。不料項羽走後，劉邦、張良使了個罵城計，派後儒下，指名辱罵，甚至畫了畫，汙辱曹咎。這下子，惹得曹咎怒從心起，早將項羽的囑咐拋到九霄雲外，立即帶領人馬，殺出城門。真是，衝冠將軍不知計，一怒失卻眾貔貅。漢軍早已埋伏停當，只等項軍出城入甕。霎時地動山搖，殺得曹咎全軍覆沒。

夫君子之所取者遠，則必有所待；所就者大，則必有所忍。

▎忍一時風平浪靜

明代作家馮夢龍在《智囊》一書中記有這樣兩則故事：一則是說，江陰一帶大戶望族夏翁，一次乘船經過橋下，突然有人在橋上往船裡倒糞便，噴到了夏翁的衣服上。這個人是他認識的，夏翁的僕人非常憤怒，急著上前揍他。夏翁攔住僕人，平靜地說：「因為他不知道是我們，不然怎敢來冒犯呢？」於是好言好語勸走了僕人。回到家中，夏翁查看帳簿，查出這個人原來欠了他三十兩銀子。夏翁心想：他應是無力償還才故意冒犯，以求一死。於是，夏翁為這個人減輕了債務，燒掉了債契。另一則是說，長州有位叫尤翁的大戶開了家當鋪。年底某一天，忽然聽到門外一陣喧鬧聲，出門一看，原來是鄰居。店員對尤翁訴苦：「他之前拿衣服當了錢，今天卻兩手空空來拿衣服，不給他就破口大罵，有這樣不講理的人嗎？」那位鄰居仍然氣勢洶洶，不肯相讓。尤翁從容地對他說：「我明白你的意思，不過是為了過新年嗎？這點小事，值得爭吵嗎？」於是，命令店員找出典當的四五件衣服。尤翁指著一件棉衣說：「這件衣服禦寒不能少。」又指著道袍說：「這件給你拜年用，其他東西現在不急著用，可

以先放在我這裡嗎？」那個人拿到兩件衣服，無話可說，立刻離去。當天夜裡，他竟然死在別人家裡。他的親人和那家人打了一年多的官司。原來此人欠了很多債務，因為無力償還，事先在家裡服下毒藥，他知道尤家富有，準備敲詐一筆，由於尤翁的忍讓，結果一無所獲，就轉到另外一家，於是就死在那裡了。有人問尤翁：「為什麼能預先知情而容忍他呢？」尤翁回答說：「凡是無理取鬧的人，一定有所倚仗。如果在小事上不忍耐，那麼災禍就會來了。」人們聽了這話，都佩服尤翁的見識。

這兩則小故事，深刻地說明了「忍一時風平浪靜」的道理。夏翁如果允許僕人去和那個往船上倒糞便的人打架，尤翁與那個鄰居計較，就會因小事而釀成大禍。由於「兩翁」都採取了「忍讓」、「克制」的態度，這既保持了與舊相識、老鄰居的友好關係，也避免了禍患，又表現出自身的寬宏大度，受到了人們的敬佩。

孔子說：「小不忍，則亂大謀。」荀子說：「志忍私，然後能公；行忍情性，然後能修。」蘇東坡也說過：「匹夫見辱，拔劍而起，挺身而鬥，此不足為勇也。天下有大勇者，卒然臨之而不驚，無故加之而不怒，此其所挾持者甚大，而其志甚遠也。」可見，一個人遇事沉著、冷靜、忍讓、諒解，這不但是一種美好的品德，而且也是通往成功之路的重要素質。

西元前 203 年，韓信降服了齊國，擁兵數十萬，而此時劉邦正被楚軍緊緊圍困在滎陽。這時韓信派使者前來，要求漢王劉邦封他為「假王」，以鎮撫齊國。劉邦大怒說：「我在這兒被圍困，日夜盼著你來幫助我，你卻想自立為王！」張良、陳平暗中踩劉邦的腳，湊近他的耳朵說：「目前漢軍處境不利，怎麼能禁止韓信稱王呢？不如趁機冊立他為王，安撫善待他，讓他鎮守齊國。不然可能發生變亂。」漢王劉邦醒悟，又故意罵道：「大丈夫平定了諸侯，就該做個真王，何必做個假王呢？」於是就派遣張

良前去，冊立韓信為齊王，徵調他的軍隊攻打楚軍。劉邦忍住怒氣，立韓信為齊王，徵調韓信的部隊，很快就扭轉了漢軍的不利地位，同時也安撫住了擁兵數十萬的韓信。假如他不忍，把韓信大罵一通，不封韓信為齊王，這樣不但可能失掉韓信，而且可能為自己帶來災難。

可見，遇小事需要忍，遇大事也需要忍。那種遇事少謀，猝然而行，稍有不順就爆氣動怒的人，必然會禍患自身。

在現實生活中，人們會遇到許多矛盾和糾紛，大多數人面對各式各樣的矛盾和糾紛，能採取「忍讓」的態度，弘揚「寬宏」、「克制」的美德。但也有少數人，稍有不順，輕則辱罵，重則大打出手。結果不但擾亂了社會治安，而且還要賠償人家的損失，甚至還要負法律責任。

齒剛則折，舌柔則存，柔必勝剛，弱必勝強。好鬥必傷，好勇必亡。百行之本，忍之為上。

▎退一步海闊天空

一位外國學者說過：會生活的人，並不一味地爭強好勝，在必要的時候，寧肯後退一步，做出必要的自我犧牲。

歷史上有許多這樣的例證。

清河人胡常與汝南人翟方進在一起研究經書。胡常先做了官，但名譽不如翟方進好，在心裡總是嫉妒翟方進的才能，和別人議論時，總是不說翟方進的好話。翟方進聽說了這事，就想出了一個應付的辦法。

胡常時常召集門生，講解經書。一到這個時候，翟方進就派自己的門生到他那裡去請教疑難問題，並且認認真真地做筆記。時間長了，胡常明白了，這是翟方進在有意地推崇自己。為此，心中十分不安。後來，在官僚中間，他再也不去貶低而是讚揚翟方進了。

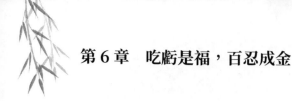

第6章　吃虧是福，百忍成金

　　明朝正德年間，朱宸濠起兵反抗朝廷。王陽明率兵征討，一舉擒獲朱宸濠，建了大功。當時受到正德皇帝寵信的江彬十分嫉妒王陽明的功績，以為他奪走了自己大顯身手的機會。於是，散布流言說：「最初王陽明和朱宸濠是同黨。後來聽說朝廷派兵征討，才抓住朱宸濠以自我解脫。」想嫁禍並抓住王陽明，作為自己的功勞。

　　在這種情況下，王陽明和張永商議道：「如果退讓一步，把擒拿朱宸濠的功勞讓出去，可以避免不必要的麻煩。假如堅持下去，不做妥協，那江彬等人就要狗急跳牆，做出傷天害理的勾當。」為此，他將朱宸濠交給張永，使之重新報告皇帝：朱宸濠捉住了，是總督軍們的功勞。這樣，江彬等人皆無話可說。

　　王陽明為了避免樹大招風，便說自己病了，到淨慈寺休養。張永回到朝廷，大力稱頌王陽明的忠誠和讓功避禍的高尚事蹟。皇帝明白了事情的始末，免除了對王陽明的處罰。王陽明以退讓之術，避免了飛來的橫禍。

　　如果說翟方進以退讓之術，轉化了一個敵人，那麼王陽明則依此保護了自身。

　　以退讓求得生存和發展，這裡蘊含了深刻的哲理。

　　老子曾說過：「無為而無不為。」意思是說，只有不做，才能無所不做，唯有不為，才能無所不為。

　　為了論證這個道理，老子進行哲學的思辨：許多根輻條集中到車轂，有了車轂中間的空洞，才有車的作用；揉捏陶泥做成器皿，有了器皿中空的地方，才有器皿的作用；開鑿門窗建造房屋，有了門窗中間的空隙，才有房屋的作用。所以，「有」給予人的便利，完全靠著「無」發揮作用。

　　就是說，「無」比「有」更加重要。不僅客觀世界的情況如此，人的行為也如此。人的「無為」比「有為」更有用，更能為人帶來好處。一味

地爭強好勝，刀兵相見，橫徵暴斂，「有為」過盛，最終只能落個身敗名裂的下場。

　　當然，老子貶「有為」揚「無為」的做法，並非完全正確。積極奮鬥、努力爭取、勇敢奮鬥、堅持不懈的行為，其價值和意義無疑是值得肯定的。這樣說來，老子的思想不完全合理。人生的路並不是一條筆直的大道，面對複雜多變的形勢，人們不僅需要發表自己的見解，也需要沉默不語；既需要窮追猛打，也需要退步自守；既應該爭，也應該讓。總之，有為是必要的，無為也是必要的。就此而言，老子的無為思想，具有極其重要的意義。

　　然而，在人生的旅途中，應該什麼時候有為，什麼時候無為呢？無為和有為的選擇取決於主客雙方的力量對比。當主體力量明顯占優勢，居高臨下，以一擋十，採取行為以後，可以取得顯著的效果時，應該有為；而當主體處在劣勢的位置上，稍一動作，就可能被對方「吃掉」，或者陷於更加被動的境地。那麼，便應該以退為進，堅守「無為」才對。無為只是一種權宜之計、人生方法，待時機成熟，成功條件已到，便可由無為轉為有為，由守轉為攻，這就是古人所說的屈伸之術。為此，我們提醒那些想建功立業的人，在人生大道的某一個點上：只有退幾步，才能大步前進！

　　我不害人，人不我害：人之害我，由我害人。

▎忍讓有度方為智

　　人生在世，不如意的事是很多的。當我們遇到不順心、不如意的事，首先要忍。但是事有可忍與不可忍之分。我們提倡忍耐精神，但不是無原則的妥協，也不是懼怕邪惡勢力。如果什麼事不問緣由全都一忍了之，有時候會害人，也更可能害己。

第6章 吃虧是福，百忍成金

　　但是，忍也是有一定限度的，並非是任何人、任何事都可以忍的。有的時候忍是不能被接受的，欺人太甚，也就勢必忍無可忍。什麼事都是有一定節制的，不可能無止境地發展下去，忍需有限度。一味地毫無界限地忍，只能是一種懦弱的表現，甚至是愚蠢的。

　　世界上沒有什麼比人的生命更寶貴的，當你的生命遭受到威脅的時候，應該是你奮起反抗的時候了，這時候忍耐只會讓你的敵人更加囂張。暴虐的統治不能忍，應該為了人民的利益去推翻它，不能讓暴虐的統治者在那裡為非作歹，若你這時候還要忍，還要讓別人跟著你一起去忍，那就是助紂為虐。當民族的尊嚴、國家的尊嚴受到侵害時，對於這個民族的成員、這個國家的公民來說，無論如何都是不可再「忍」的。

　　許多英雄好漢、仁人志士，對於自己生活上、事業上、名利上的挫折，都能夠默默地忍辱負重，毫無怨言。但是，他們在維護自己民族和國家的利益和尊嚴的時候，卻是毫不畏懼，大義凜然，視死如歸。為了使民族的純潔不受玷汙，為了使國家的利益不受侵害，他們願意不顧一切、勇往直前。這些，都表現了他們在「忍」這一問題上深明大義。

　　可見，適度的忍讓是強而有力的，也是必須具有的。超過界限和適當，忍只能是軟弱、無能、懦弱、膽怯的表現。

　　紅塵白浪兩茫茫，忍辱柔和是妙方。到處隨緣延歲月，終身安分度時光。休將自己心田昧，莫把他人避失揚。謹慎穩守無懊惱，耐煩做事好商量。

第 7 章
以和為貴，化敵為友

　　天地之氣，暖則生，寒則殺。故性氣清冷者，受享亦涼薄。
惟和氣熱心之人，其福必厚，其澤亦長。

第 7 章　以和為貴，化敵為友

▌楔子

　　20 世紀初，美國有一個年輕商人兼政治活動家叫皮亞，他對一位大企業家漢拿非常不滿意，甚至接連兩次拒絕與他見面。

　　那時，漢拿即將成為世界聞名的大人物，要做美國的政治領袖了。但是在年輕的皮亞看來，漢拿只不過是個「壞蛋」，一個地方上的「黨魁」罷了。他每次看見報上對漢拿的稱頌，沒有一次不搖頭痛罵。

　　後來漢拿的朋友對他說，你最好還是和皮亞見面一次，消除彼此的意見。於是，在一個擁擠的旅館房間裡，漢拿被引到一個沉靜的穿灰外套的青年面前，那人坐在椅中並沒有主動問候進來的人。

　　待友人介紹：「這位就是皮亞先生……」之後，漢拿對皮亞說了很多話。

　　出乎皮亞意料的是，漢拿對於自己的事情瞭若指掌，談論許多關於他父親擔任法官的事情、關於他伯父的事情，以及關於他自己對於政治的意見。漢拿說：「哦，你是從奧馬哈來的嗎？你的令尊不是法官嗎？……」年輕的皮亞不免吃驚了。漢拿又說：「哦，有一次你父親曾幫助我的朋友在煤油生意上挽回了一大筆損失呢！……」說到這裡，漢拿突然冒出一句感慨：「有許多法官知識淵博、思路敏捷，他們的能力遠遠勝於普通的企業家呢！」接著又說：「你有一位伯父在哈斯頓嗎？讓我想一想……現在你能對我說說，你對於那政治綱領還有什麼意見？」

　　此時，皮亞對漢拿的看法已經完全改變了，他像面對一個熟悉的朋友一樣，與他侃侃而談，氣氛輕鬆和諧。就這樣，漢拿以他寬廣的胸懷和平易近人的態度結交了一個新的朋友。

　　從此之後，皮亞最大的興趣，就是與這個他曾經非常憎恨的人做朋友，並且忠心耿耿地為他服務。

我們經常會碰到所謂的「敵人」。他們有的高高在上，目中無人，似乎對你充滿敵意；有些人成天牢騷滿腹，怨天尤人；有些人對你的工作吹毛求疵，百般挑剔；有些人淺薄無聊，充滿低級趣味……如果和這些人只是偶然相處也就算了，問題是有時你會被迫長時間地和他們交往、相處和共事。在這種情況下，你的煩惱是可想而知的，如何對付這些「敵人」的確可稱得上是一門藝術了。

事實上，我們的生活與工作中其實並沒有真正的敵人。如果你感覺有的話，只是因為你處世的功夫還不夠高。那些大智若愚的人，往往能與難相處的各種人結成朋友。這樣，不但可以提高自己的聲譽，博得心胸寬廣的美名；更重要的是，他累積了人脈資源，為自己事業的發展開拓了無限寬廣的道路。

關懷性格孤僻者

有這樣一種人，他們感情內向，整天將自己禁錮在鬱鬱寡歡、焦躁煩惱的牢籠裡，他們心境陰沉，缺乏生活樂趣。這種人，我們稱之為「性格孤僻的人」。

心理學認為，性格是一個人表現在對現實的穩定態度，以及與這種態度相應的，習慣化了的行為中表現出來的人格特徵。一棵參天大樹，不可能有兩片完全相同的樹葉；芸芸眾生之中，也不可能有兩個性格完全相同的人。每個人的性格，都是他的全部生活史的縮影。因此，我們要與性格孤僻的人當朋友，重要的是必須了解他之所以孤僻的原因，才能找到合適的方法與他相處。

不管性情孤僻者的孤僻源於什麼原因，我們與之相處，都應給予其溫暖和體貼，讓他們透過友誼體驗人間的溫暖和生活的樂趣。因此，在課

業、工作和生活的細節上，我們要多為他們做一點實實在在的事，尤其是當他們遇到自身難以克服的困難時，更應主動地站出來，幫忙解決。實踐說明，只有友誼的溫暖，才能融化他們心中的冰霜。

性格孤僻的人，一般不愛說話。有時候，儘管他們對某一事情特別關心，也不願主動開口。但是不透過談話，是難以交流思想感情的。因此，我們與之相處交談時，既要主動，還要善於選擇話題。一般來說，只要話題是他們感興趣的，他們還是會開口聊天的。

性格孤僻的人，往往喜歡抓住談話中的某些細微環節，猜想別人話裡是否在暗示什麼。一點風吹草動便過度解讀。別人一句無心的話，有時也會使他們陷入困境，並久久不能忘，以致產生很深的心理隔閡。對這種隔閡，他們又不直接表露，而是以一種微妙的形式來反應，使當事人難以察覺。因此，我們與之交談時，要特別留意，措辭、句子都要細加斟酌，不可疏忽大意。

在與性情孤僻的人有了初步的交往後，我們就應多引導他們讀些有關的書籍，幫助他們樹立正確的世界觀、人生觀、社會觀，並在此基礎上建立正確的友誼觀、愛情觀、婚姻觀和家庭觀，逐步改善人際關係。經驗說明，只有這樣，才能使交往真正深入下去。

我們應該引導他們多參加一點團體活動，幫助他們從孤獨的小世界中解脫出來，投入社會的懷抱，變得開朗起來。在活動內容的形式上，應考慮他們的特點，選擇輕鬆愉快的主題。例如：聽聽輕音樂、唱唱卡拉OK；看看喜劇、體育比賽；遊覽名勝古蹟等。

孤僻的性格，並非一朝一夕形成的，有些人已經形成為生活方式，很難改變。要與他們當朋友，有時難免會被冷淡，甚至不愉快。所以，必須有足夠的耐心，當他的心鎖被你開啟後，你們的友誼就將與日俱增，成為

你人脈關係網中難得的摯友。

士君子，貧不能濟物者，遇人痴迷處，出一言提醒之；遇人急難處，出一言解救之，亦是功德無量。

直面心高氣盛者

在人際交往中，有些人自恃自己的地位、學識、年齡等優勢，而表現出一種盛氣凌人的傲氣，或者蔑視他人、或者大肆地攻擊他人、有時甚至還肆意地侮辱他人。這種人的行為勢必給他人帶來不愉快，或者嚴重地影響他人的情緒，甚至會破壞集體的團結。因此，必須予以制止而不能任其惡性地發展。

那麼，怎樣對付這種傲氣的人呢？

巧設難題抑制其傲氣

一些人自以為知識豐富，閱歷廣泛，因而目空一切，瞧不起別人，表現出一股不可一世的姿態。對付這種傲氣者只要巧妙地設置一個難題，就可打擊其傲氣。這是因為不管其知識多麼廣博，閱歷多麼豐富，然而在這個廣闊的世界裡，一個人的認知畢竟是有限的，一旦發現自己的渺小、無知，其傲氣自然就會煙飛雲散了。

在一次國際會議期間，一位西方外交官非常傲慢地對某國一位代表提出了一個問題：「閣下在西方逗留了一段時間，不知是否對西方有了一點開明的認識。」很顯然，這位外交官是在以傲慢的態度嘲笑該國代表。該國代表淡然一笑回答道：「我是在西方接受教育的，40 年前我在巴黎受過高等教育，我對西方的了解可能比你少不了多少。現在請問你對東方了解多少？」面對這個代表的提問，那位外交官茫然不知所措，滿臉窘態，其

傲氣頃刻蕩然無存了。

　　顯然，該國代表所提出的問題，是那位自以為知識豐富而渾身充滿傲氣的外交官無法回答的。因為他不了解東方的情況，因此不但沒有顯示出自己知識的淵博，反而暴露了自己的無知，此刻他還有什麼傲氣可言呢？無疑，巧設難題可有效地抑制傲氣者，但是應注意所設置的難題一定要是抓住對方的弱點，使他無法回答，因為只有這樣，才能暴露對方的無知或者缺陷，從而挫其傲氣。如果問題並沒有切中對方的弱點，這樣不但不會挫其傲氣，相反的更會助長其傲氣，而使自己處於更難堪的境地。

抓住痛處挫其傲氣

　　1959 年，美國副總統尼克森赴蘇聯，主持美國展覽會。在尼克森赴蘇之前不久，美國國會通過了一項關於被奴役國家的決議。蘇聯領導人赫魯雪夫對此極端不滿。因此，當尼克森與他見面時，他非常傲慢無禮，表現出一種從未有過的傲氣，他憤慨又蔑視地對尼克森說：「我很不了解你們國會為何在這麼一次重要的國事訪問前夕，通過這種決議，這使我想起了俄國農夫的一句諺語『不要在馬廄裡吃飯』，你們這個決議臭得像剛拉下來的馬糞，沒有比這馬糞更臭的東西了。」對這傲慢無禮的言辭，尼克森毫不客氣地回敬道：「我想主席大概搞錯了，比馬糞還臭的東西是有的，那就是豬糞！」赫魯雪夫聽後，傲氣大挫，不由得臉上泛起了一陣羞澀的紅暈。原來他年輕時當過豬官，毫無疑義曾聞過豬糞的氣味，因此機智的尼克森立刻抓住赫魯雪夫這一痛處，使赫魯雪夫自討沒趣，他的傲氣自然也就煙消雲散了。

　　我們運用這種方法時，一定要抓準傲氣者的痛處，而且傲氣者的這種痛處必須是客觀存在，而又是有一部分人知道的。只有這樣，才能動搖其傲氣的根基，而使其反思自己的行為，從而收斂自己的傲氣。

抓住弱點攻其傲氣

英國駐日公使巴克斯（H. S. Parkes）是個傲氣十足的人，他在與日本外務大臣寺島宗則和陸軍大臣西鄉隆盛打交道時，常常表現出對他們不屑一顧的神態，並且還不時地嘲諷寺島宗則和西鄉隆盛。但是每當他碰到棘手的事情時，他總喜歡說一句話：「等我和法國公使交談之後再回答吧！」寺島宗則和西鄉隆盛商量之後，決定抓住這句話攻擊一下巴克斯，使其改變這種傲氣十足的行為。一天，西鄉隆盛故意問巴克斯：「我想冒昧地問你一件事，英國到底是不是法國的屬國呢？」

巴克斯聽後又挺起胸膛傲慢無禮地回答說：「你這種說法太荒唐了，如果你是日本陸軍大臣的話，那麼應該知道英國不是法國的屬國，英國是世界最偉大的立憲君主國！」

西鄉隆盛冷靜地說：「我以前也曾認為英國是個偉大的獨立國，現在我卻不這樣認為了。」

巴克斯憤怒地質問道：「為什麼？」

西鄉隆盛從容地說：「其實也沒有什麼特別的事，只是因為每當我們代表政府和你談論到國際上的問題時，你總是說等你和法國公使討論後再回答。如果英國是個獨立國的話，那麼為什麼要看法國的臉色行事呢？這麼看來，英國不是法國的附屬國又是什麼呢？」

傲氣十足的巴克斯被西鄉隆盛這一番話問得啞口無言。此後，巴克斯再也不敢傲氣十足了。

毫無疑問，任何人都難免有自己的弱點，而傲氣者一般都未曾發現自己的弱點。一旦別人抓住其弱點攻擊其傲氣，使其看到自己的弱點，就會瓦解其傲慢的氣勢。

不予理睬削弱其傲氣

　　一些有傲氣的人，別人越理睬他，他的傲氣就越大。因而對這種傲氣者採取不予理睬的態度，有意冷落他，使其孤立，這樣就可削弱甚至打掉其傲氣。某公司調來了一名技術員，這位中年人有著過人的技術，因此十分瞧不起人。他不是教訓這個人，就是批評那個人，弄得大家都不愉快。於是，大家對他採取不予理睬的態度，有些人見他來了就走。久而久之，他自覺無趣，於是改變了自己的態度，主動與大家接近，討論技術問題，從此大家再也看不到他身上的傲氣了，也就又恢復了與他的正常交往。

　　為什麼採取這種方法能使傲氣者改變態度呢？

　　這是因為傲氣者大都是為了在眾人面前顯示自己高人一等的價值，而大家都不理睬他，這樣不但沒辦法顯示自己的價值，反而使自己陷入孤立無援的狀態。因而在這種環境的迫使下，他也不得不反省自己不受歡迎的原因，也就不得不改變態度了。

　　我們採取上述方法對付傲氣者，其目的是為了幫助他，改善他與別人相處的方式，讓他願意用謙虛的態度向人學習、與人溝通，提升他的人際關係。因此，在運用這些方法時，一定要抱著與人為善的態度，切不可嘲諷、譏笑，甚至侮辱他人的人格，否則就會與我們化敵為友、為我所用的目的背道而馳了。

　　常觀硬弩弦先斷，每見鋼刀口易傷。惹禍皆因閒口舌，招災多為壞心腸。是非不必爭人我，彼此何須論短長。

遷就脾氣暴躁者

　　在我們的日常生活中，常常看見有人發脾氣，發怒並不能代表你是正確的，恰好相反，發怒意味著恐嚇，強迫別人屈服、讓步、聽話、認輸。

發怒不只影響人與人之間的感情,還會將事情鬧得更僵、不可收拾。發怒可以像突然爆發的火山,也可以如緩慢上漲的潮水。無論何種形式,發怒的目的都是為了威脅和恐嚇,對付它的祕訣就是不要怕。

記住:當某人對你發怒時,並不一定意味著他把你當成了死對頭,問題很可能來自他的自制力差或對你誤解。這時,千萬不要針鋒相對、反唇相稽。如果你感覺自己情緒有點激動,可以閉上眼睛緩慢地做幾次深呼吸,那麼心情就能夠平靜下來。你一定要有自制力和自信心,相信自己能控制情緒,讓心情回歸平靜。

當發脾氣的人揮舞雙臂聲嘶力竭時,而你背著雙手不動聲色;他緊繃著臉,流露出嘲弄的神色時,而你應坦然自若,顯示出大將的風度;他情緒激動、謾罵不停時,你應努力使自己心平氣和、穩如泰山。

總之,任何情況下都不要笑,要是你認為自己的人身安全已受到威脅,就一走了之。

如果某人生氣是工作上某種原因或一些具體情況造成的,並沒有直接牽涉到你,那就上前去說一點安慰對方的話。

獲得諾貝爾化學獎的荷蘭科學家雅各布斯‧亨里克斯‧凡特荷夫(Jacobus Henricus van't Hoff),提出關於碳原子新理論之後,遭到德國有機化學家阿道夫‧威廉‧赫爾曼‧科爾貝(Adolph Wilhelm Hermann Kolbe)的強烈反對。凡特荷夫當眾表示:「科爾貝老先生的宏論,從頭到尾並沒有推翻我研究出來的鐵一般的事實。」科爾貝聽到此話,怒氣衝天,不遠千里趕到荷蘭找凡特荷夫辯論。當科爾貝怒氣衝衝地踏進凡特荷夫的辦公室時,凡特荷夫熱情地接待了他,冷靜而謙遜地闡述自己的觀點,結果使科爾貝很快地消除了誤解。兩位科學家從此「化敵為友」,欣然攜手合作。

居不必無惡鄰,會不必無損友,惟在自持者兩得之。

▌感化貪小便宜者

不管是誰，都喜歡和那些豪爽熱情、開朗大方的人往來，而不太願意與喜歡貪小便宜的人打交道。然而，如果不善於與他們相處，他們則有可能成為你成長和發展的阻力。

社會心理學告訴我們，一個人的行為與動機並非是一對一的，它們之間存在著錯綜複雜的關係，即同一動機可以產生不同的行為表現；同樣，同一行為亦可能由不同動機所引起。「貪小便宜」是人們生活中的一種行為表現，並不一定是渾身沾滿銅臭的利己思想的反映；即使是利己主義者，亦並不一定就是無可救藥者，況且各人表現的程度不盡相同。

一般說來，貪小便宜者有兩種：一種是受生活習慣所影響；另一種是受生活觀念所支配。因此，與不同心理狀態的貪小便宜者相處，就應持不同的態度，用不同的鑰匙去打開他們的「心鎖」。

一些人貪小便宜的毛病是受社會環境（尤其是家庭環境）的影響，而形成的一種生活習慣。這種人往往缺乏遠大的理想，胸無點墨、自我要求低、得過且過、不求上進。這種人，一般心地不壞，而且性格外向，毫無隱諱，容易深入了解。與這種貪小便宜者打交道，要注意正面批評，引導他們在課業上和工作上下工夫，讓他們了解自己的專長和興趣，給予他們支持與鼓勵。當他們發現自己獲得認同，便能擁有更多自信與勇氣去追求理想，也會開始對自己有所要求，也能克服貪小便宜的心理。對這種貪小便宜的人，千萬不可姑息。對他們的姑息，只會加重這種不良的生活習慣。另外，也不可諷刺挖苦他們，因為諷刺挖苦會傷害他的自尊，使他們對自己沒有自信。

還有一種貪小便宜的人，他們的行為是受一定意識形態支配的，其貪小便宜的行為反映著其生活觀念。這種人，往往具有比較特殊的生活閱

歷，在生活中受過磨難，人生觀上常常表現為以「自我」為中心。

和這種貪小便宜者打交道，採取一般化的說教方法是無法改善其觀念的，應真誠地與他相處，用博大胸懷去影響他們。在工作、課業、生活中，真誠地、無微不至地去幫助他們，慢慢地便能感化他們。例如，一起外出時，熱情地拉著他，坐車、吃飯、看電影、逛街時可主動付錢，而對他從不表現出一點不滿和鄙視。平時，可有意地講一些他所欽佩的人的寬宏大度，不計個人得失的事例，使他逐漸意識到自己的不足。

不管源於哪一種心理狀態，貪小便宜的習慣都非一日造成的，要求他們一下子改掉是不可能的，只能從一些小事入手，潛移默化地幫助他們，而且允許出現反復。如果一個人去幫助力量還是不夠，可動員幾個要好的朋友來共同幫助他們。當貪小便宜者理解你真誠的心後，他是會永遠感激你的，由此所建立起來的友誼，也一定是純潔的、牢固的。

念頭寬厚的，如春風煦育，萬物遭之而生；念頭忌刻的，如朔雪陰凝，萬物遭之而死。

慎對兩面三刀者

在你的朋友或同事中，免不了會有這樣的人物：他當面奉承你，轉過身去卻嗤之以鼻；他對你心懷不滿，但當面總是笑臉，背後到處撥弄是非……這種人，有著兩張臉孔，有著雙重人格。

我們都期待自己具有純潔、暢通的人際關係，而你一旦發現自己的同事、朋友中有一些諸如圓滑、世故、兩面三刀之類的人，又不可能立即撕破臉，跟他斷交，這時該怎麼辦呢？

兩面三刀的人都是一些善於保護自己的人，他們大多把自己看得比周圍的人要重得多，所以在交往過程中讓自己穿上了一層重重的盔甲。其

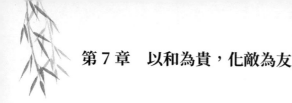

實，善於保護自己並不是什麼過錯，問題是不能把交往對象全都當成了防範、算計的對象，他們所採用的自我保護手法又違背了真誠友善、坦誠相見的道德規範，就會使自我保護變成了損害正常交往關係的行為。

我們可以厭惡這種行為，但不必厭惡行為者本人。具體來說，我們在反對不正派行為的時候，不要去傷害他們的自尊心，不要損害他們如此小心翼翼地保護著的那個「自己」。例如：當他為了贏得喝彩聲，才對你奉上掌聲時，你不妨先冷靜下來，真誠地向他申明，在需要得到人家的支援這一點上，你們是一致的。但是，要想真正獲得別人的支持和讚美，還要靠自己的真才實學和自己的辛勤勞動。在他為了尋求「保護」才圍著你時，你也應該幫助他認清自己的力量，鼓勵他培養獨立自主的人格，堅定地走自己的路，千萬不可用隨意敷衍地態度去拒絕他，這樣只會傷害對方的自尊心，加速你「觸礁」的速度。幫助他認識自我，提升自尊感和自信心，逐步地建立起獨立的人格。

許多人面對這種狀況，會產生被利用感。這種感受的出現，主要是那些非常善於保護自己的人，確實想利用與人交往關係來達到自己的某種目的。甚至可以說，有些人之所以選擇你作為交往對象，就因為你的某種特點符合他的某種需求。一旦發現自己處於被利用的地位，該怎麼辦呢？

在人際交往關係中，我們不能容忍自私自利的行為，更不能喪失原則、以損害大多數人的利益為代價，來滿足交往群體中個別成員的私欲。但是，平心而論，在人們的相互關係中，都會有權利與義務的統一，都會有各自向對方所抱有的希望和要求。剔除了那些非原則的，損害他人利益的成分，抹去了那些具有強烈私欲的色彩，交往當中也應當相互有所滿足，這就需要謹慎地劃出一條基本的原則界限來，並且盡可能地做出自己的奉獻。例如，一個人想得到讚美，想得到別人的尊重，這是自尊心、榮

譽感的表現,如果我們幫助朋友放棄透過私人關係的途徑去獲取的企圖,而鼓勵他藉由自己的努力去取得,那就不能視為一件壞事。相反地,在他努力地靠自己的力量去追求目標的時候,就應當提供足夠的支援。一個人的物質上的需求是正當的,如果我們幫助他擺脫依賴他人的動機,並為他提出符合原則的建議,那當然也是合情合理的。總之,劃出一條界限,拋開利用與被利用的關係,你也就不會產生被利用的感覺了。而簡單地回絕朋友的請求,只會把關係搞得更加複雜化。

　　一個人對不正派行為的厭惡感,是一種高尚可貴的情感,需要小心地加以保護。如果沒有這種情感,便可能在熟人面前、在朋友面前、在老客戶面前失去自己的原則立場和堅持操守的原則,而容易成為被利用的角色。所以,人際交往要格外謹慎,如果面對不正派的行為,不覺得厭惡,久聞不知其臭,更有可能與其同流合汙。聽到別人幾聲奉承就得意起來,無原則地為人辦事,更會產生一種自我滿足感。結果,還可能從被利用的地位上慢慢滋生出利用別人的欲望,使利用與被利用的關係發展為相互利用的關係。

　　好醜心太明,則物不契;賢愚心太明,則人不親。須是內精明,而外渾厚,使好醜兩得其平,賢愚共受其益,才是生成的德量。

▌擺脫搬弄是非者

　　有人曾在某地六所中學 782 名高中生中做了調查,調查的題目是「你平時最害怕什麼?」。結果竟有一半左右的學生(女學生的比例更大)回答說:「最害怕被人背後議論。」由此可見,人言可畏。人就是這樣:誰背後不議論他人,誰背後又不被別人議論?己所不欲,而施於人,這大概是人的劣根性之一吧!背後議論,人們難免為之。然而,由於個人認識的

第7章　以和為貴，化敵為友

局限性，人與人之間的好惡與向背的情緒又難免滲進議論。因此，背後議論別人時往往也就會不由自主地偏離事物真相。如果議論者是有意識的，借議論造謠、中傷、挑撥離間，那是因為在他的心目中見不得別人過得比他好、比他厲害。

　　搬弄是非的人，以背後說人壞話、挑撥離間為能事。與這種人相處，的確不容易，非掌握一點訣竅不可。

　　一是坦蕩。人生在世，完全不被人議論，是不可能的。背後議論，就其內容而言，有些符合事實，有些是不符合事實的；就其動機而言，有善意的，也有惡意的。但不管怎麼，都應坦蕩置之，不要因聽到好議論就高興得忘乎所以，覺得自己很厲害，也不要因聽到一些難聽的議論而怒髮衝冠、耿耿於懷，或痛心疾首、惶惶不可終日。否則，心理就會不平衡，做出蠢事，而中了搬弄是非者的奸計。

　　二是正直。背後議論別人，是一種不道德的行為，不能遷就，必須正直地站出來，幫助議論者改正不良習慣。幫助搬弄是非者改正惡習，行之有效的辦法，是尊重對方，以朋友式的態度進行善意的規勸；同時，巧妙地引導對方獲得正確的認識人的方法。例如，當對方談論他人時，可以先順著對方的話，談談這個人確實存在的缺點，然後再談他的優點，從而形成一個正確的結論。

　　如果對方搬弄是非惡習已成為性格特徵，那就乾脆不加理睬，「走自己的路，讓別人去說吧！」千萬不可一聽到搬弄是非的話，就立即去找那人對質。這樣會使大家都感到很難堪，也解決不了根本問題。更不要一時性急，去找那人「算帳」，萬一打起來那就更難堪了。這樣也會使大家把你和他等同起來，看成沒修養的人。

　　記住：君子坦蕩蕩，小人常戚戚。智者是為自己的目標而活著，只有

愚者才會被周圍的是非議論所左右。

君子嚴如介石，而畏其難親，鮮不以明珠為怪物，而起按劍之心；小人滑如脂膏，而喜其易合，鮮不以毒螫為甘飴，而縱染指之欲。

▌擁抱與你有仇者

與人交往，總會有爭執、衝突，總會遇到使自己不愉快的人。發洩一通固然痛快，但卻會因此得罪於人，無意中為自己樹立了敵人。要想擁有「人和」的氛圍，有些時候，應該像聖經上說的那樣大度地去擁抱你的敵人。

有一部電影描述了一個這樣的故事：

美國西部拓荒時期，一位牧場的主人因為全家大小被土匪槍殺，因而變賣牧場，從此浪跡天涯找機會報仇。

家破人亡的深仇大恨誰都想報，可是當這牧場主人花了十幾年的時間找到凶手時，才發現那位凶手已年老體衰、重病纏身，躺在床上毫無抵抗能力，他用虛弱的聲音請求牧場主人給他致命的一槍，牧場主人把槍舉起，又頹然放下。

牧場主人沮喪地走出破爛的小木屋，在夕陽照著的大草原中沉思，他自言自語：「我放棄了一切追求，虛度幾十年寒暑，如今找到了仇人，我也老了，報仇到底有什麼意義呢？……

」電影的故事是人編寫的，但編劇根據的也是現實生活，因此這雖然是電影故事，但一樣可以給人們深刻的反省，而這反省也就是我們強調的「有仇不報是君子」的道理。

首先來看看一個人要「報仇」所需的投資。

◆ **精神的投資**：每天計畫「報仇」這件事，要花費很多精神，想到咬牙切齒處，情緒的劇烈波動，更有可能影響到身體的健康。

- **財力的投資**：有人為了「報仇」而耽誤了一輩子的事業，大有「玉石俱焚」的味道，就算不放下一輩子的事業，也要花費不少的精力、財力做部署的工作。

- **時間的投資**：有些「仇恨」不是說報就能報，三年、五年、八年、十年，甚至二十年、四十年都有可能報不成，就算報成了，自己也年華老去了。

由於「報仇」此事投資頗大，而且還不一定報得成，而不管報得成或報不成，只要對「報仇」這件事，你不只會心動而且行動，那麼自己就會元氣大傷，因此我們還是主張「有仇不報」。

一個成熟、有智慧的人都知道輕重，知道什麼東西對他有意義、有價值，「報仇」這件事雖然可消「心頭之恨」，但「心頭之恨」消了，也有可能失去了自己，所以「君子」有仇不報。

人和動物有些方面是不同的，動物的所有行為都依其本性而發，屬於自然的反應；但人不同，經過思考，人可以依當時需要，做出各種不同的行為選擇，例如 —— 學會「愛」你的敵人。

擁抱你的敵人，這是件很難做到的事，因為絕大部分的人看到敵人都會想要消滅對方，或是保持一種冷淡的態度，又或是說說嘲諷對方之類的，可見要擁抱敵人是多麼難的一件事。

就因為難，所以人的成就才有高有低、有大有小，也就是說，能當眾擁抱敵人的人，他的成就往往比有仇必報的人更高。

能擁抱自己的敵人的人是站在主動的地位，採取主動的人是「制人而不受制於人」。你採取主動，不只迷惑了對方，使對方搞不清你對他的態度，也迷惑了第三者，搞不清楚你和對方到底是敵是友，甚至都會誤認你們已「化敵為友」。可是，是敵是友，只有你心裡才明白，但你的主動，

卻使對方處於「接招」、「應戰」的被動態勢，如果對方不能也擁抱你，那麼別人會認為他「沒有器量」。一經比較，二人的分量立即有輕重，所以當眾擁抱你的敵人，除了可在某種程度之內降低對方對你的敵意，也可避免惡化你對對方的敵意。換句話說，為敵為友之間，留下了條灰色地帶，免得敵意鮮明，反而阻擋了自己的去路與退路。地球是圓的，天涯無處不相逢。

此外，你的行為，也將使對方失去再對你攻擊的立場，若他不理睬你的擁抱而依舊攻擊你，那麼他也會被別人批評。

最重要的是，擁抱你的敵人這個行為一旦做了出來，久了會成為習慣，讓你和人相處時，能容天下人、天下物、出入無礙、進退自如，這種大智若愚的處世方法正是成就大事業的本錢。

所以，比賽開始前，二人都要握手敬禮或擁抱，比賽後也一樣再來一次，這是最常見的當眾擁抱你的敵人 —— 競爭對手。

擁抱你的敵人這是大智若愚術中必修的一課，也是最難的一課，連敵人都可以擁抱，還有什麼不可放下，還有什麼人不能擁抱。擁有這種氣量的人，他本身就已經具有了很大的能量。鑄劍為犁，化敵為友，如果通不過這一關，我們始終進不了大智若愚的最高境界。

兩刃相迎俱傷，兩強相敵俱敗。

第 7 章　以和為貴，化敵為友

第 8 章
多做實事，少說空話

　　子曰：「君子欲訥於言，而敏於行」。訥，意指遲鈍；敏，意指勤捷。事難成，故行事要「敏」；言易出，故說話宜「訥」。人生的沃土，只有讓行動的犁鏵深耕細作，才能開出美麗的花朵，產生豐碩的果實。

▎楔子

　　王衍是西晉時期的太尉，奉命以督軍之職帶大軍與石勒對陣決戰，結果全軍覆沒。

　　石勒是一個頗有心機的人，他隆重設宴款待王衍，向他打聽晉室的宮廷事務。王衍身為敗軍之將，不是慷慨赴死，而是背主求榮，與石勒侃侃而談，痛恨晉朝失敗的原因，並說自己雖然貴為三分，但是朝廷大事，自己從不參與，一副事不關己的樣子。席間還語無倫次地勸石勒「黃袍加身」，自立為帝。

　　石勒聽了王衍的話，勃然大怒，指著王衍的鼻子罵道：「王衍逆賊！你位高權重，自少年至白頭，都在晉室為官，居然說你不參與朝政？我告訴你，晉室所以衰敗到今天這個地步，就是因為有你這種空話連篇的人。」

　　接著，石勒就轉身與心腹孔萇商量：「我也算見多識廣了，沒想到還有這麼無恥的人，這種人留他不留？」

　　孔萇說：「這種背主忘恩之徒，清談誤國，留他何用？」

　　於是，石勒便決定殺了王衍。王衍臨死的時候，對左右哀嘆道：「如果不是標榜清高，崇尚清談，大家戮力同心，匡扶天下，也不會落到今天的地步。」

　　王衍是一個清談家，喜歡談論縱橫之術，口吐玄虛，常拿著塵尾與人談論老莊、辨析玄虛，唯獨不務實事，當時的名人山濤就說過：「何物老嫗，生寧馨兒！然誤天下蒼生者，未必非此人也！」果然被他說中。

　　——這就是「清談誤國」的典故。

　　一個光做不練的人，總是讓人討厭。子曰：「君子欲訥於言，而敏於行。」這句話的意思是說：君子應該說話謹慎，做事敏捷。訥的原意是不

善於講話，這裡引申為說話要謹慎。其實，孔子在《論語‧學而》中更明確地提倡：「敏於事而慎於言」，也就是多做、少說。

小處著手，大事易成

有對父子一同穿越沙漠。在經歷了漫長的跋涉之後，他們都疲憊不堪，口渴難忍，每邁出一步都異常艱難。這時，父親看到黃沙中有一枚馬蹄鐵在陽光的照耀下閃閃發光。

父親對兒子說，撿起它吧！或許會有用的。兒子用不屑的眼神，看一眼說：「有什麼用呢？我們現在需要的是水。」於是，父親什麼也沒說，只是彎腰撿起了馬蹄鐵，繼續往前走。

終於他們來到一座城堡，父親用馬蹄鐵換了 200 顆酸葡萄。當他們再次跋涉在沙漠中遭遇乾渴時，父子倆便有酸葡萄可以吃了。

一件你不屑一顧的小事或許就是你的機遇，哪怕是一件小事，我們也應該用心去做。

行為本身並不能說明自身的性質，而是取決於我們行動時的精神狀態。工作是否單調乏味，往往取決於我們工作時的心境。

每一件事情對人生都具有十分深刻的意義。泥瓦工人在磚塊和砂漿之中看出詩意；圖書管理員們經過辛勤勞動，在整理書籍時感覺到自己已經取得了一點進步；學校的老師們對按部就班的教學工作從未感到厭倦，他們一見到自己的學生，就變得非常有耐心，所有的煩惱都被拋到了九霄雲外。

如果只用別人的眼光來看待自己的工作，僅用世俗的標準來衡量自己的工作，工作或許沒有任何吸引力和價值可言。

從外面觀察一個大教堂的窗戶，那裡面布滿了灰塵，給人單調和殘破

的感覺。一旦人們跨過門檻，走進教堂，立刻可以看見絢爛的色彩、清晰的線條。陽光透過窗戶在奔騰跳躍，形成了一幅幅精彩的圖畫。

　　人們對事物的認識是有局限的，必須從內部去觀察才能看到事物的真正本質。有些工作只從表象上看是不能認識到其全部意義所在的。每個人只有從工作本身去理解工作，將它看作是人生的權利和榮耀，才能保持自己個性的獨立。

　　不要小看自己所做的每一件事，即便是最小的一件，也應該全力以赴、盡職盡責地去完成。小事情的順利完成，有利於大事情的順利達成。只有一步一腳印地向上攀登，才不會輕易跌落，人生真正的意義就蘊藏在其中。

　　一個在日本的臺灣留學生，課餘到餐廳洗盤子以賺取學費。日本的餐飲業有一個不成文的規定，即餐廳的盤子必須用水清洗上七遍。洗盤子的工作是按件計酬的，這位留學生計上心頭，洗盤子時少洗一兩遍。果然，效率便大大提高，薪水也迅速增加，一起洗盤子的日本學生向他請教技巧。他毫不避諱地說：「你看，洗了七遍的盤子和洗了五遍的有什麼區別嗎？少洗兩次吧！」日本學生點點頭後，就與他漸漸疏遠了。

　　餐廳老闆偶爾會抽查一下盤子清洗的情況。在一次抽查中，老闆用專用的試紙測出盤子清洗程度不夠並責問這位留學生時，他振振有詞：「洗五遍和洗七遍不是一樣保持了盤子的清潔嗎？」老闆只是淡淡地說：「你是一個不誠實的人，請你離開。」

　　為了生活，他又到另一家餐廳應徵洗盤子的工作。這位老闆打量了他半天，才說：「你就是那位只洗五遍盤子的臺灣留學生吧！對不起，我們不需要。」第二家、第三家……他屢屢碰壁。不僅如此，他的房東不久也要求他退房，原因是他的「名聲」對其他住戶的工作產生了不良影響。他

就讀的學校也專門找他談話，希望他能轉到其他學校去，因為他影響了學校的學生……萬般無奈，他只好收拾行李搬到了另一座城市，一切重新開始。他痛心疾首地告誡準備到日本留學的臺灣學生：「在日本洗盤子，一定要洗七遍啊！」

有的大學生、研究生在從事一些毫無創意的工作時，總是感到憤憤不平，認為庸庸碌碌，是浪費青春。在這些思想情緒當中，我們可以看到一些可貴之處，那就是不願意平庸，而願意有所作為。但是換一個角度，即從對上級的尊重和服從的角度來說，上述情緒也包含了許多不可取因素。那就是不願從小事做起，何況上級的安排也許是讓你熟悉公司工作流程以便對你委以重任，或許是在考驗你工作的態度。

對任何一間公司來說，掃地、跑腿、傳遞訊息、接電話、接待來賓等等，這些事總是要有人做的。所以說成就一件大事必須從小事做起，小事並不是微不足道，其中往往隱藏著大大的機會。

聚沙成塔，集腋成裘。勿以事小而不為，要將工作中所得到的知識累積起來當成基礎，並作為邁向下一個階段的構想。

事情即使再小，但「只要能夠作出成績來」，就是一個了不起的人，對自己的成績有了自信心，就能增加好幾倍的效力。

如果你想要1億元的話，首先應先存夠10萬元，當然這並不只限於金錢。一個人如果連10萬元也無法存到，那麼1億元就永遠像是一個夢想一樣，到後來也只是「空想」而已。

最初只是小小的成就，但在10年之後或許可成長至50倍，甚至百倍。

房屋是由一磚一瓦堆砌而成的；籃球比賽最後的勝利是由一次一次的得分累積而來的；生意的興隆也是靠著一個一個客人逐漸壯大的。所以，每一個重大的成就都有一系列的小成就累積而成的。想要達成任何目標都

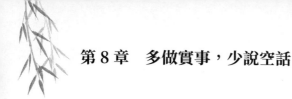

必須按部就班才行，對於那些社會新鮮人來講，不管被指派的工作多麼不重要，都應該看成「使自己向前跨一步」的好機會。推銷員只有業績達成時，才有資格邁向更高的管理職位。

牧師的每一次傳教、教授的每一次演講、科學家的每一次實驗，以及主管的每一次會議，都是向前跨一步，更上一層樓的好機會。

某些人看似一夜成功，但是如果你仔細看他們過去的奮鬥史，就會知道他們的成功並不是偶然得來的，他們早就投入了無數的心血，打好了堅固的基礎。那些大起大落的人物，名聲來得快，去得也快，他們的成功往往只是曇花一現而已，他們並沒有深厚的根基與雄厚的實力。任何人都不能藉由耍聰明就達到目標，只能一步步走向成功。

洛杉磯湖人隊的前教練帕特‧萊利（Pat Riley）在湖人隊最低潮時，告訴 12 名球隊的隊員說：「今年我們只要求每人比去年進步 1% 就好，有沒有問題？」球員一聽：「才 1%，太容易了！」於是，在罰球、搶籃板、助攻、抄截、防守一共五方面每個人都各進步了 1%，結果那一年湖人隊居然得了冠軍，而且是最容易的一年。

「不積跬步，無以致千里」。讓自己每天進步 1%，只要你每天進步 1%，你就不必擔心自己不快速成長。

在每晚臨睡前，不妨自我反省一下：今天我學到了什麼？我有做錯什麼事？有什麼做對的事？以後有哪些錯絕對不能再犯？

思考完這些問題，你就會比昨天進步 1%。無止境的進步，就是你人生不斷卓越的基礎。

你在人生中的各方面也應該照這個方法做，持續不斷地每天進步 1%。長期下來，你一定會有一個高品質的人生。

不用一次大幅度地進步，一點點就夠了。不要小看這一點點，每天小

小的改變，累積下來會有大大的不同。而很多人在一生當中，連這一點進步都不一定做得到。人生的差別就在這一點點之間，如果你每天比別人差一點點，幾年下來，就會差一大截。

如果你將這個信念用於自我成長上，100％會有 180 度的大轉變，除非你不去做。

羅馬不是一天建成的，成功在於點點滴滴。

▌工作乏味，做好不易

別認為工作就是一個人為了賺錢而不得不做的事情，工作其實是伸展自己才能的方式，是鍛鍊自己的武器，是實現自我價值的工具。

現為北京某 IT 著名企業的部門經理田先生曾表示：有的員工之所以認為工作是為了賺錢而不得不做的事情，是由於他們都缺乏堅實的工作觀。同時，他以一種非常遺憾的口吻回憶了他自己年輕時候的教訓：

田先生從大學畢業進入該公司時，便被派往財務部就職，做一些單調的統計工作。由於這份工作高中畢業生就能勝任，田先生覺得自己一個大學畢業生來做這種枯燥乏味的工作，實在是大材小用，於是無法在工作上全力投入；加上田先生大學時代的成績非常優異。因此，他更加輕視這份工作。因為他的疏忽，工作時常出錯，遭到上司的責罵。

田先生認為，假如自己當時能夠重視這份工作，好好地學習財務工作，便能從財務方面了解整個公司。原來，老闆也有意讓他透過熟悉財務工作來全面培養他。然而，因為自己輕視這份工作錯過了升遷的機會，後來，財務仍是他工作中較弱的部分。

由於田先生對財務工作沒有全力以赴，以至於被認為不適合做財務工作而被調至營業部門。其實，熟悉財務、銷售，是老闆希望讓大學生們先

學會認識市場，然後再研發的一個過程。但身為推銷員，又必須周旋於激烈的銷售競爭中，於是田先生又陷入困境，他仍然感到不滿，他並不是為了做一個推銷員才進入這家公司的，他認為如果讓他做研發方面的工作，一定能夠充分發揮他的才能，但公司卻讓他做一個推銷員，實在令人抬不起頭。所以，他又非常輕視推銷的工作，總是偷懶。因此，他只能達到一個營業部職員最低的業績標準。

　　現在回想起來，如果當時能夠不輕視推銷工作而全力以赴，他就能夠磨練自己在人際關係上應對進退的能力，並能找出與對手競爭的方法。然而，田先生當時卻一味敷衍了事，以至於後來對自己的人際關係沒有把握，這對目前的田先生而言，也是非常弱的一部分。

　　田先生因此而喪失身為一個推銷員的資格，並被調去市場調查。與過去的工作比較起來，這個工作似乎最適合田先生，終於讓田先生感覺有了一份有意義的工作，而熱愛並投身於此，因此才逐漸提高工作績效。

　　但由於過去五年左右的時間，草率的工作態度，使他的考核成績不是很理想，一起進去的同事都已升上經理時，只有他還在原地踏步。

　　這對於田先生是一個非常大的教訓。過去公司所有指派的工作，對於田先生而言，都各具意義。然而因為他只看到工作的缺點，以致無法了解這些工作乃是磨練的機會，也就無法從工作上學習到經驗而遺憾至今。

　　大多數的人未必一開始就能獲得非常有意義的工作，或非常適合自己的工作。有一部分的人，剛開始都被派去做一些非常單調和自認為毫無意義的工作，於是認為自己的工作枯燥乏味，或說公司沒有發現自己的才能，因而不認真工作，以至於無法從該工作中學到任何東西。

　　對待任何工作，正確的工作態度應是：耐心去做這些單調的工作，從團隊的角度出發來考慮問題。如果只考慮自己，漸漸地便會覺得大家事事

都在和你作對，而不停地換工作，慢慢地成為沒用的人。所以，即使是單調且無趣的工作，也應該從中學習各種富有創意的方法，使該項工作變得有趣且富有意義。

有個員工小劉在每天必做的發報紙工作中，想盡辦法要符合大家的所需，創造出扇形的報紙排列法，讓大家驚訝不已。千萬不可因為工作性質單調、呆板而應付了事，應以認真的態度去處理，並想出一些富有創意的辦法，才能學習到許多事物。

想創業的人，有必要在年輕時去體驗各種工作，特別是去經歷自己不擅長的工作，開拓自己的能力，豐富自己的工作經驗。倘若在財務方面所知有限、不善處理人際關係、缺乏營業觀念和技術不精等，對一個年輕人來說，將導致難以大展宏圖的困境。

在這個時代，如果僅專精於一個領域，很可能會停滯在最底層級。因此，越是向高處走，就越需要整合思考能力。如果想要具備這種能力，就必須在年輕的時候，樂於接受自己所不擅長的工作，並設法精通，這是非常重要的。在此觀念下，我們便能從日常的工作中學習到許多知識。

脫穎之才，處囊而後見；絕塵之足，歷塊以方知。

▎以勤補拙，埋頭苦幹

「勤能補拙」已是一句老話，但從學校畢業進入社會，這句話就不一定能常聽到了。

能承認自己有「拙」的人不多，能在剛進入社會就了解到自己「拙」的人更少。大部分人都認為自己是優秀的，也都相信自己接受社會幾年的磨練後，定能一鳴驚人、一飛沖天，但能真正成功的實在是少數中的少數。為什麼呢？大多是因為社會磨練不夠、能力不足。

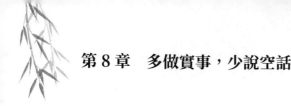

那麼有沒有辦法在極短的時間補足自己的能力呢？

所謂的「能力」包括了專業的知識、長遠的規劃以及處理問題的能力，這並不是兩三天就可培養起來的，但只要「勤」，就能很有效地提升你的能力。

「勤」就是勤學，在自己的職位上，一刻也不放棄、一個機會也不放棄地學習。不但自己鑽研，也向有經驗的人請教。別人睡午覺，你學；別人去玩樂，你學；別人一天只有 24 小時，你卻是把一天當兩天用。這種密集的、不間斷的學習效果相當顯著。如果你本身能力已在一般人之上，學習能力又很強，那麼你的「勤」將使你很快地被注意到。

另外一種「能力不足」的人是真的能力不足，也就是說，先天資質不如他人，學習能力也比別人差，這種人要和別人一較長短是辛苦的。這種人首先應在平時的自我反省中認清自己的能力，不要自我膨脹，迷失了自己。如果認識到自己能力上的不足，那麼為了生存與發展，也只有「勤」能補救。

對能力真的不夠的人來說，「勤」便是付出比別人多好幾倍的時間和精力來學習，不怕苦不怕難地學，兢兢業業地學，也只有這樣，才能成為龜兔賽跑中的勝利者。

其實「勤」並不只是為了補拙，在一個團體裡，「勤」的人始終會為自己爭來很多好處：

- ◆ **塑造敬業的形象**：當其他人混水摸魚時，你的敬業精神會成為旁人眼光的焦點，認為你是值得敬佩的。
- ◆ **容易得到別人諒解**：當做錯了事，一般人也不忍指責，總是會忍不住認為，已經那麼認真了，偶爾出錯沒什麼關係。

◆ **容易獲得主管的信任**：當主管的喜歡用勤奮的人，因為這樣他可以放心，如果你的能力是真的不夠，但因為勤，主管還是會給予合適的機會。當主管的都喜歡鼓勵肯上進的人，此理古今中外皆同。

以勤補拙，笨鳥先飛。

▌大事不迷，小事不拘

　　事情一般總是大小相對，大可指整體，小可指局部。要做大事，需縱觀整體，不可糾結於小事之中，否則也會一事無成。

　　《郁離子》中講了這樣一個故事：趙國有個人家裡鬧鼠災，就到中山國去討了一隻貓回來。中山國的人給他的這隻貓很會捉老鼠，但也愛咬雞。過了一段時間，趙國人家中的老鼠被捉完了，但家中的雞也被那隻貓全咬死了。趙國人的兒子於是問他的父親：「為什麼不把這隻貓趕走呢？」言外之意是說牠有功但也有過。趙國人回答說：「這你就不懂了，我們家最大的禍患在於有老鼠，不在於沒有雞。有了老鼠，牠們偷吃我們的食物，毀壞我們的衣服，穿通了我們家的牆壁，弄壞了我們的傢俱、器皿，我們就得挨餓受凍，不把老鼠除掉怎麼行呢？沒有雞頂多不吃雞肉，趕走了貓，老鼠又會為患，為什麼要趕走貓呢？」

　　這個故事包含了這樣一個道理，任何事情都有好的一面，也有不好的一面。趙人深知貓的作用遠遠超過貓所造成的損失，所以他不趕走貓。日常生活之中也確實有像趙國人家那隻貓那樣的人，他們的貢獻是主要的，比起他們身上的毛病和他們所做的錯事來，其貢獻要大得多。如果只是盯住別人的缺點和問題不放，怎麼使人才得到充分發展呢？

在處理事情的時候，一味地強調細枝末節，以偏概全，就會抓不住問題的核心，沒有重點，不知道從哪裡下手。因此無論是用人還是做事，都應觀察整體，不要因為無關緊要的事情而妨礙了大事的完成。需知金無足赤，人無完人，我們要看的是一個人的才能，不是他的過失。

古人把對小節不究看作是一個人能否成大事的關鍵，所以提倡要辦大事的不要計較小事；成就大功業的人，不要追究瑣事。

一葉障目，不見泰山。

▍沉默是金，寡言鮮過

釋迦牟尼佛曾在蓮花池上，面對諸位得道弟子，突然拈花微笑，眾人不解其意，而只有迦葉尊者領悟了佛祖的意思，他會心一笑，於是就有了禪宗的起源。孔子觀於後稷之廟，有 3 座金鑄的人像，幾次閉口不說話，就在它的背上銘刻了幾句名言：「古之慎言人也，戒之哉！無多言，多言多敗；無多事，多事多患。」

這兩位聖人的行為，寓意深刻，勸誡人們：為人寧肯保持沉默寡言的態度，不驕不躁、狀若笨拙，也絕對不可以自作聰明、喜形於色、精明外露。

有這樣一首詩寫道：「緘口金人訓，兢兢恐懼身。出言刀劍利，積怨鬼神嗔。緘默應多福，吹噓總是蠢。」善於掩飾自己，又不讓他人覺得你深不可測，從而集中心思與力量來對付你。這便是「沉默是金」的道理。

人不可無緘口之銘！

某公司有一個女孩子，平常只是默默工作，並不多話，和人聊天，總是微微笑著。有一年，公司裡來了一個好爭鬥的女孩子，很多同事在她主

動發起攻擊下，不是辭職就是請調。最後，矛盾終於指向了這個女孩子。

　　一天，這位好爭鬥的女孩子對著她，劈哩啪啦罵了一頓，誰知那位女孩只是默默笑著，一句話也沒說，只偶爾說一句「啊！」最後，好爭鬥的那位女孩子也不想與她吵架了。過了半年，這位好鬥的女孩子也自動請調其他部門。

　　你一定認為那個沉默的女孩子「修養」太好了，其實不是這樣，而是那位女孩子聽力不大好，理解別人的話雖沒多大問題，但總是慢了半拍，當她仔細聆聽你所說的話，並思考你的意思時，臉上又會出現「無辜」、「茫然」的表情。你那麼賣力地對她發動攻擊，她回你的卻只有「啊！」而已，難怪會吵不下去，只好結束了。

　　這個故事說明了一個事實：「沉默」的力量是如此的大。只要有人的地方，就會有鬥爭。因此，要有心理準備去面對這些不懷善意的人，你可以不去攻擊對方，但一定要有保護自己的力量。

　　聾啞之人是不會和人起衝突的，因為他聽不到也說不出，別人也不會找這種人爭鬥，因為鬥了也是白鬥。大部分的人一聽到別人說他幾句，就會反駁，其實一回嘴就中了對方的計，不回嘴，他便覺得無趣；他如果還一再挑釁，只會凸顯他的好鬥與無理取鬧罷了，因此面對你的沉默，這種人多半會在幾句話之後就離開現場，如果你還裝出一副聽不懂的樣子，那麼對方就被你打敗了。

　　不過，要「作啞」不難，要「裝聾」才是不易，因此也要培養他人言語「入耳而不入心」的功夫，否則心中一起波瀾，不反駁是很難的。

　　學習裝聾作啞，除了以不戰而勝之外，也可避免自己成為別人的目標，而習慣裝聾作啞，也可避免自己去找人麻煩，好處真是不少。

　　甘人之語，多不論其是非；激人之語，多不顧其利害。

▌言出必行，一諾千金

大丈夫一諾千金。

在對別人承諾時，一定要多加斟酌，因為一諾值千金！無論對大人對小孩，對戀人對僕人，對妻子對父母，對同事對朋友，對上司對下屬，對老師對同學，對什麼人都是這樣。

承諾別人之前，首先得考慮這個「承諾」的意義是什麼，如果這個承諾沒有意義也沒有價值，就不該承諾。再來，你得考慮你有沒有時間、精力和才能實現你的承諾，如果沒有足夠把握時，絕不可輕易承諾。你還得多方考慮，實現你的承諾是否還需要其他條件的輔助，或是自己是否具備那些條件，如果沒有把握實現時，最好的辦法就是不要承諾。

當然，如果你覺得這樣顧慮太多，太過謹慎小心，有時你也不妨做出一些大膽的承諾。只是你在做出承諾的同時，必須告訴對方可能出現的各種麻煩和不能實現的可能性，也就是說不要把話說得太絕對，讓別人事先有準備，一旦無法實現，別人也不會對你失去信任。

如果覺得自己做不到時，最好不要輕易地向別人承諾，這樣會有許多好處：別人只會覺得遺憾，並不會認為你說話不算話，不會對你產生不信任感。只要是自己承諾過的事，就應該認真地對待，努力地去實現它。

一個小小的承諾，例如「我今晚 9 點回家」。在你完全可以做到的情況下，絕不要掉以輕心，你已經答應要 9 點回家，這時你的同事找你出去玩，時間可能要拖到 10 點，你該怎樣做呢？你應該委婉地謝謝朋友的好意，準時回家。

承諾時，千萬不要把話說得太滿，一旦承諾無法兌現，即使你把理由說得頭頭是道，極為充分，人們也不會非常相信的，也許口頭上暫時理解你、寬恕你，可是內心深處無疑添進了一絲不信任你的念頭。當再有第二

次、第三次同樣的狀況時，人們對你的信任會逐漸減少。

最後，如果你做不到你曾經承諾過的事，就應該及時通知對方，真誠的道歉並請求別人原諒你，這樣可以避免不必要的損失。

失信於人，說話不算話，承諾無法兌現，失去別人的信任，是多麼慘重的損失。。因此，承諾之前，要好好考慮清楚。

除輕諾寡信之外，好耍小聰明、玩弄手腕者也大多失信於人。這樣的人也許可以一時欺騙蒙哄某些年幼無經驗者，可以得利於一時，賺到一筆，撈到一筆。可是第二次或第三次，你一旦被識破，別人就不會再相信你了。你必將得不償失。

為自己的每一個承諾負責，看似愚笨，但得到的遠遠多於所付出的。言出必行、一諾千金的良好習慣，能使你在困難的時候得到真正的幫助，會使你孤獨的時候得到友情的溫暖，因為你信守諾言，你誠實可靠的形象能讓你在生意上、婚姻上、家庭上獲得成功。從這一方面來說，為承諾負責的人是一個真正的人生智者與贏家。

這並不是空話，有許多事實可以證明這一點，知名度很高的企業無不是把信譽推到第一位，受人尊敬的人無不是守信用的楷模。相反地，有些人隨隨便便地向別人開「空頭支票」又不去兌現，他們無論在哪一方面都不會成功的。

馬先馴而後求良，人先信而後求能。

不必爭論，努力去做

麥克·史瓦拉是位美國的電視節目主持人，他所主持的《六十分鐘》是很多人喜歡的節目。在剛進入電視臺的時候他是一名新聞記者，因他口齒伶俐，反應快，所以除了白天採訪新聞外，晚上又報導七點半的黃金時

段。以他的努力和觀眾的良好反應，他的事業應該是可以一帆風順的。

可惜的是，因為麥克為人很直率，一不小心得罪了新聞部主管。在一次新聞部會議上，那位主管突然向大家宣布：「麥克報導新聞的風格奇異，一般觀眾不易接受。為了本臺的收視率著想，我宣布麥克以後不要在黃金時段報導新聞，改在深夜 11 點報導新聞。」

這個決定讓大家都很吃驚，麥克也很意外。他知道自己被貶了，心裡覺得很難過，但他轉念一想：「也許這是上天的安排，是為了幫助我成長」。於是，他的心情漸漸平靜下來，接受新的工作，並說：「謝謝主管的安排，這樣讓我可以利用六點鐘下班後的時間去進修，這是我早就有的希望，只是一直不敢向你提起罷了。」

此後，麥克每天下班後便去進修，並在晚上 10 點左右趕回電視臺，準備 11 點的新聞報導工作。他詳細閱讀每一篇新聞稿，充分掌握它的來龍去脈。他對工作的熱誠，絕沒有因為深夜的新聞收視率較低而減退。

漸漸地，收看夜間新聞的觀眾愈來愈多，好評也愈來愈多。隨著這些不斷的佳評，有些觀眾也開始責問：「為什麼麥克只播深夜新聞，而不播晚間黃金時段的新聞？」詢問的信件、電話不斷，終於使總經理開始關注這件事。

總經理把厚厚的信件攤在新聞部主管的面前，對他說：「你這新聞主管怎麼搞的？像麥克這樣的人才卻只派他播晚間新聞，而不是播七點半的黃金時段？」

新聞部主管解釋：「麥克希望晚上六點下班後有進修的機會，所以不能排上晚間黃金時段，只好排他在深夜的時間。」

「叫他盡快重回七點半的崗位。我下令他在黃金時段中播報新聞。」

就這樣，麥克被新聞部主管「請」回黃金時段。不久之後，被選為全

國最受歡迎的電視記者之一。

過了一段時間，電視界掀起了益智節目的熱潮，麥克獲得十幾家廣告公司的支持，決定也開一個節目，便找新聞部主管商量。

積著滿肚子怨恨的新聞部主管，板著臉對麥克說：「我不准你做！因為我計畫要你做一個新聞評論性的節目。」

雖然麥克知道當時評論性的節目爭論多，常常吃力不討好，而且收視率很低，但他仍欣然接受說：「好極了！謝謝您的安排。」

果然，麥克吃盡了苦頭，但他沒說什麼，仍全力以赴為新節目奔忙。節目上了軌道也漸漸有了名聲，參加者都是一些出名的重要人物。

總經理非常看好麥克的新節目，也想多與名人接觸。有天他找來新聞部主管，對他說：「以後節目的腳本由麥克直接拿來給我看！為了把握時間，由我來審核好了，有問題也好直接跟製作人商量！」

從此，麥克每週都直接與總經理討論，許多新聞部的改革措施也有他的意見。他由冷門節目的製作人漸漸變成了熱門人物，還獲得全美著名節目的製作獎。

相信自己的實力，即使經歷種種障礙，只要你堅持下去，終將獲得應有的成就。

喜傳語者，不可與語。好議事者，不可圖事。

▌不足則誇，損人害己

文學家歐陽脩從不誇耀自己的文章；書法家蔡襄不誇耀書法；棋藝高超的呂溱不誇耀棋藝；善於飲酒的何中立不誇耀酒量；以高潔聞名的司馬光不誇耀清節。大體而言，只有那些淺薄的人才好炫耀自己。

文學家不誇自己的文章，書法家不誇自己的書法，棋藝高超的人不誇

自己的棋藝，善於飲酒的人不誇自己的酒量。這是大智若愚的處世謀略。

　　真正有學識的人，絕對不會經常誇耀自己，他們謙虛謹慎，永不自滿，總是孜孜不倦地去追求真理。春秋時期著名的思想家和教育家孔子，在當時是一位大學者。但是他就從沒有誇耀過自己的學問，總感到自己在學問上還沒達到理想的境界。因此，他承認自己「非生而知之」，認為只有「好古，敏以求之」，才能不斷地累積知識。他怕自己學到的東西被忘掉，就特別強調複習的重要性，說：「學而時習之，不亦說乎！」還說：「溫故而知新，可以為師矣。」本來溫故而知新是兩回事，但他認為複習舊的知識，就會有新的提高和發現。這是孔子重要的學習經驗和體會，是求知的至理名言。他還認為在學習上應當持有「知之為知之，不知為不知」的謙虛態度。他對學生說自己在種田方面「不如老農」、「不如老圃」。他強調要「多聞闕疑」、「每事問」，以彌補學之不足。他還強調，「三人行，必有我師焉」，認為只有勇於「不恥下問」，老老實實地向群眾學習，向各行各業的專業人才學習，才能改變「有鄙夫問於我，空空如也」的窘境。

　　孔子之所以不誇耀自己的學問，是因為他看到了自己的不足。不足而去誇耀自己的人，則是因為他沒有看到自己的不足，以不足為足，必然自誇，這樣的人永遠也不會有所成就。

　　戰國時，秦國大將王齕奉秦昭王之命率軍進攻趙國的長平關，由於對手是經驗豐富的老將廉頗，所以秦軍一直無法取得勝利。後來秦國使用離間計，使趙王撤換廉頗，以趙括代之。

　　趙括就是一位「不足則誇」的人。當趙王問他能否擊退秦軍時，他說：「秦國要派大將白起來，我要打敗他，得好好地計畫一下。現在他派王齕來，我不費力氣就能打敗。」還說：「我若帶兵前去，一定能像秋風

掃落葉一般，一陣風就把他掃掉。」趙括到前線以後，廢止廉頗的一切軍令，換上了自己的一套。長平關原有廉頗的軍隊二十多萬，趙括又帶來二十多萬，加在一起共有四十多萬，全由趙括指揮。這四十多萬軍隊，在趙括的指揮下與秦軍交戰，被秦軍打得落花流水，趙括自己也戰死在亂軍之中。趙括從小就開始閱讀兵書，但是只知紙上談兵，並沒有帶兵打仗的實際經驗，更不知道在戰場上如何變通，也不了解敵人的情況。對自己的這些不足，他一點也沒有看到，讀了一點兵書就以為足夠了，與趙王說的那番話不過是誇誇其談而已。帶兵打仗本來是趙括的弱點，但他卻自吹自擂，結果導致兵敗，這正是「不足則誇」的一種表現。當然，我們並不反對研習兵法，研習兵法對一位軍事家來說是不可缺少的。但是學了兵法，不與實際結合，就誇耀自己懂得帶兵打仗，那是非常危險的，免不了要重蹈趙括的覆轍。

東漢初期，漢光武帝手下有一名戰將，名叫馮異。馮異通曉《左氏春秋》、《孫子兵法》，武藝高超，跟隨劉秀南征北戰，屢建奇功。他平定了河內，澠池一戰又消滅了赤眉軍的主力，爾後又進軍關中，討平陳倉、箕穀等地的亂事，是東漢王朝的開國功臣。但是馮異從不誇耀自己的功勞，當打了勝仗，眾將坐論軍功時，馮異卻「獨屏樹下」，謙遜禮讓，不計功勞大小。劉秀手下的文臣武將都稱讚他為「大樹將軍」。當劉秀當著公卿大臣的面賜予他珍寶、衣服、錢財以及講述他往日的功勞時，他說：「臣聞管仲謂桓公曰：『願君無忘射鉤，臣無忘檻車』，齊國賴之。臣今亦願國家無忘河北之難，小臣不敢忘巾車之恩。」意思是說要以歷史為借鑒，常常想著創業的艱辛，君臣同心同德，使事業永昌，光被後代。馮異有功不誇功，表示他胸有城府，謙虛謹慎，具有很高的思想修養。

現在，有些人學到一些書本上的知識，並無真才實學，便在大庭廣眾

面前誇誇其談；有些人做出一點成績，就到處去炫耀，這就是「不足則誇」的表現。我們應當像孔子、歐陽脩、司馬光、馮異那樣，不誇耀自己的才學和功勞，要虛懷若谷、永不滿足、不斷進取，努力成為一個真正有學識、有本領的人。

多躁者，必無沉潛之識；多畏者。必無卓越之見；多欲者，必無慷慨之節；多言者。必無篤實之心；多勇者，必無文學之雅。

▌話莫說滿，留有餘地

1790 年 7 月 24 日，在法國的一座小城 A 市，一塊巨石從天而降，巨大的響聲把居住在這裡的加斯可尼人嚇了一大跳。尤其令人驚訝的是，這塊石頭把加斯可尼人教堂旁邊的屋子砸了一個大窟窿。市民們目睹了這一切，紛紛認為這塊來歷不明的怪石破壞了他們的寧靜生活，他們以為這塊石頭可能還會飛上天去，為了防止它「逃走」，就在巨石上鑿了個洞，用鐵鍊鎖起來，然後把鐵鍊鎖在教堂門口的大圓柱上。最後，市民們又通過決議，要寫一封信給法國科學院，請求派科學家來研究這塊怪石。A 市的市長證實了市民們在信上所寫的事實，並且簽上了自己的名字，還派專人將信送往巴黎。

在巴黎的法國科學院裡，當宣讀 A 市的這封來信時，人群中突然爆發出陣陣笑聲，有些人甚至笑得前俯後仰，還有人連眼淚都笑出來了。有些科學家帶著嘲笑的口氣說：「哈哈，加斯可尼人是最愛吹牛的，今天他們向我們報告天上落下巨石，過幾天他們還會來報告天上又掉下五噸牛奶，外加一千塊美味的帶血的牛排。」在笑夠了之後，他們以科學院的名義做出了決定，對加斯可尼人的撒謊和 A 市市長的愚蠢表示遺憾，同時號召所有有頭腦的人，千萬不要相信這些荒誕的報告。

那麼，究竟是誰有頭腦，是誰更愚蠢、可笑呢？歷史已做出了公正的答案。那些不為自己留餘地的人在笑夠了別人之後，豈知也把自己的短見暴露給了別人，在伸手打別人耳光的同時，也是在打自己的耳光。

我們在做事時講求留有餘地，在說話時也同樣要留有餘地，不能把話說得太滿，要容納一些意外事情，以免自己下不了臺。

生活中有很多事情我們無法預料他的發展態勢，有的也不了解事情的發生背景。因此，切不可輕易地下斷言，若是不留餘地，就會使自己一點迴旋的空間都沒有。

有一位朋友與同事發生了很不愉快的摩擦，便對同事說：「從今天起，我們斷絕所有關係，彼此毫無瓜葛……」這話說完還不到兩個月，這位同事成了他的上司，我的朋友因講過過重的話很尷尬，只好辭職，另謀他就。

因把話講得太滿，而給自己造成窘迫的例子到處可見。把話說得太滿，就像把杯子倒滿了水一樣，再也滴不進一滴水，否則就會溢出來。也像把氣球打滿了氣，再充氣就要爆炸了。

我們可以見到一些政府官員在面對記者採訪時偏愛用一些模糊語言，如：可能、盡量、研究、或許、評估、徵詢各方面意見……他們之所以運用這些字眼，就是想為自己留有餘地。否則一下把話說死了，結果是事與願違，那該多難堪啊！

那麼，怎麼樣才能為自己留有餘地呢？

做事方面：

◆ 對別人的請託可以答應接受，但不要「保證」，應代以「我盡量、我試試看」的字眼。

◆ 上級交辦的事當然接受，但不要說「保證沒問題」，應代以「應該沒問題，我全力以赴」之類的字眼。

　　這是為了萬一自己做不到所留的後路，而這樣回答事實上又無損你的誠意，反而更顯出你的謹慎，別人會因此更加信賴你！即使事沒有做好，也不會責怪你。

　　做人方面：

◆ 與人交談，不要口出惡言，更不要說出「勢不兩立」之類的話，不管誰對誰錯，最好是閉口不言，以便他日需要＝合作時還有「面子」。

◆ 對人不要過早地下評斷，像「這個人完蛋了」、「這個人一輩子沒出息」之類屬於「蓋棺定論」的話最好不要說。人的一輩子很長，變化也很多，不要一下子評斷「這個人前途無量」或「這個人能力高強」的話語。

　　總之，辦事、說話留有餘地，使自己行不至於絕處，言不至於極端，有進有退、收放自如，以便日後更能機動靈活地處理事務，解決複雜多變的問題。同時也要為別人留有餘地，無論在什麼情況下，不要把別人推向絕路，這樣一來，事情的結果對彼此都有好處。

　　事豈脫空，人怕落套。

▍以靜待嘩，後發制人

　　以靜待嘩，後發制人，是一種很高明的大智若愚術，意思是說，以自己的安定、鎮靜應付對手的喧嘩或浮躁不安，從而獲得勝利。

　　夫妻之間的爭吵，有時小吵，有時大吵；有明吵，還有暗吵。小吵就是相互鬥嘴，從此發生一點口角，這種爭吵一般是可以自行調節的。大吵就是雙方都動了真格的，持續的時間長，涉及的問題多，非要爭個你輸我贏不可。這種爭吵一般要由他人出面相勸才能解決。暗吵就是夫妻倆關起

門來吵，不大願意讓人知曉，當有外人來時，雙方就會自動中止爭吵。明吵則相反，就是要當著眾人的面爭吵，這種爭吵一般是要把矛盾公開化，是爭吵中最為嚴重的一種類型。

當然，不少夫妻在爭吵時各種形式是同時或交替出現的。不管怎樣，夫婦爭吵總不是一件好事，它會為夫妻生活帶來許多煩惱，甚至是不幸的禍根。因此，能夠避免爭吵，保持自始至終的和諧與合作當然是一件幸運的事；但在爭吵不可避免時以理智、冷靜而恰當的態度處之，並及時減少或消除由此帶來的不良後果，重新取得和諧，卻不失為一種藝術。

「以靜待嘩」這種大智若愚術，也可用來對付無賴小人。有這樣一個故事：

古時候，有個農夫牽著一匹馬到外地去，中午走到一家小餐廳去吃飯，這時一個商人騎著一匹馬過來，也將馬往同樣一棵樹上拴。農夫見了急忙說：「請不要把你的馬拴在這棵樹上，我的馬還沒有馴服，牠會踢死你的馬的。」但那商人不聽，拴上馬後也進了小餐廳。

一會兒，他們聽到馬匹可怕的叫聲，兩人急忙跑出來一看，商人的馬已被踢死了。商人抓住農夫就去見縣官，要求農夫賠償損失。縣官向農夫提出了許多問題，可是問了半天，農夫裝作沒聽見似的，一字不答。

縣官轉而對商人說：「他是個啞巴，叫我怎麼判？」商人驚訝地說：「我剛才見到他的時候，他還說話呢。」縣官接著問商人：「他剛才說了什麼？」商人把剛才拴馬時農夫對他說的話重複了一遍，縣官聽完後說：「這樣看來是你無理了，因為他事先曾警告過你。因此，現在他是不應該賠償你的馬。」

這時農夫也開了口，他告訴縣官，之所以不回答問話，是想讓商人自己把事情的所有經過講清楚。這樣，不是更容易弄清楚誰是誰非嗎？

第 8 章　多做實事，少說空話

　　由此可見，在日常交際中，遇到自身難以說清是非的問題時，不如也像這位農夫一樣，以靜待嘩，後發制人。

　　氣收自覺怒平，神斂自覺言簡，容人自覺味和，守靜自覺天寧。

第 9 章
言辭謹慎，把好嘴門

　　一言可以興邦，一言可以喪邦，語言的威力是如此巨大。在日常生活中，正人君子有之，奸佞小人有之。一個人若不注意說話的內容、方式、對象與分寸，很容易招惹是非、授人以柄。

楔子

有個年輕英俊的獵人在森林裡受了重傷，被一隻善良的母熊看見了。

母熊想幫助獵人，牠首先要求獵人不要傷害牠們一家。在得到獵人的保證後，母熊把獵人背到自己的家裡，對獵人無微不至的照顧。

幾星期後，獵人的身體好了很多。獵人非常感謝母熊的救命之恩，臨走時和母熊擁抱告別，善良的母熊在與獵人告別時，在獵人的耳邊細聲地問他對自己的照顧是否滿意。獵人說什麼都好，就是有一點，母熊身上有種怪味實在讓人受不了。母熊聽了，就說：那麼你可以在我身上砍一刀，以消除自己的不滿，於是獵人便砍了母熊一刀……

一年後，這個獵人進森林又見到了這隻母熊，他問牠傷好了沒有。母熊說：那點小傷，早就癒合了。但是，心上有個傷，依然疼痛，恐怕永遠也好不了。

一則法國諺語說：「語言造成的傷害比刺刀造成的傷害更讓大家感到可怕。」布雷姆夫人在其《家》一書中說：「老天爺禁止我們說那些使人傷心痛肺的話，有些話語甚至比鋒利的刀劍更傷人心；有些話語則使人一輩子都感到傷心痛肺。」

那些大智若愚的人在說話方面，也如同其他事情一樣，總是注意自我控制，避免心直口快、直言無忌，絕不以傷人感情為代價而逞一時口舌之快。例如，有些人在工作中看到別人事情做不好時，他不會在旁邊指手畫腳，說三道四，更不會把別人趕走，來顯示他的能幹，而是很客氣地說：「我試試看怎麼樣？」這樣說了，即使在接下來的工作中做不好也不會丟臉；如果做得好，即使別人嘴裡不說，心裡也會佩服他。尤其是他沒傷別人的面子，又替別人做好了工作，別人便會認為這個人「夠意思」，做人穩重、扎實，又有真本事。

良言一句三冬暖，惡語傷人六月寒。寓言中的獵人，只是因為一時之快、口無遮攔，就讓救了他的母熊痛徹心扉。想必他在得知後果之後，一定會後悔不已。

呂蓮和尚在給其弟子的一封信中寫道：「禍從口出而使人身敗名裂，福從心出而使人生色增光。」它的意思是：有時說話的人並無惡意，但對聽者而言，卻可能傷到他的自尊心。所以勸誡人們，說話應謹慎，只說該說的話。

說話得體，則讓人高興；反之，只會讓人傷心。同一個意思的話，出自兩個人之口，聽起來也有區別。你自己信口開河，根本意識不到會傷害他人，但別人卻認為你是有意的，俗話說「口乃心之門」，你明顯是故意傷害他。

馬克・吐溫（Mark Twain）曾說：一句讚美的話，可以讓人高興兩個月。── 這是很有意思的。其實，你我又何嘗不是如此呢？

既然我們的一句好話，就可以溫暖人心、贏得人心，那麼我們何不一試呢？要知道，這也是在幫助我們自己啊！

言簡意賅，一語中的

有些人自以為口才好，一談到有興趣的話題，便口若懸河、滔滔不絕。華麗的詞藻、誇張的修飾、工整的排比……一句接著一句，說個不停。這種人往往自我感覺良好，殊不知自己的言談其實已經背離了說話是為了交流與溝通的本來目的。他的話裡只是堆砌了一堆的辭藻，華而不實，沒有什麼實際的內容，就像一朵外表美麗的假花一般。

人們在思想交流、說明情況、陳述觀點、發表見解時，為了使對方能夠快速了解自己的想法，往往會用言簡意賅的形式，有依據、有邏輯地向

第9章　言辭謹慎，把好嘴門

人傳達自己的想法，以達到一語中的、以少勝多的效果。不少領袖人物都具有這種能力，他們善於高屋建瓴地掌控形勢，抓住問題的癥結，且能精準簡短的方式來表達，其作用和影響非同一般。美國第十六任總統亞伯拉罕‧林肯在一次溯江視察途中與同船的船員們握手時，有一位工人卻縮著手，靦腆地說：「總統，我的手太髒了，不便與你握手。」林肯聽完後笑著說：「把手伸過來吧，你的手是為聯邦加煤弄黑的。」短短一句話，聽似極為平常，卻高度概括，得其要領，充滿感情。

事實上，不管世事多麼複雜，不管思想多麼深奧，說到底，就是幾點經過概括和抽象後的認識。而這些認識就是事物的精華、核心、本質，只要能抓住它，就能抓住重點，一通百通，產生「片言以居要，一目能傳神」的效果。恩格斯曾說：「言簡意賅的句子，一經了解，就能牢牢記住，變成口號。」

簡潔的語言一般都通俗易懂，如果追求詞藻的華麗、句式的工整，則必然顯得繁瑣冗長。1936 年 10 月 19 日，鄒韜奮先生在公祭魯迅先生大會上，發表了這樣一句話的演講：「今天天色不早，就用一句話來紀念先生：許多人是不戰而屈，魯迅先生是戰而不屈。」可謂簡潔之中見通俗，通俗之中顯真情。

要使自己的語言簡潔凝練，就要讓自己的語言「少而準」、「簡而豐」，重要的是要培養自己分析問題的能力，要學會透過事物的表面現象，抓住事物的本質特徵，並加以綜合概括。在這個基礎上形成的交流語言，才能精闢，有力度，有魅力。同時還應盡可能多學習一點詞彙。著名作家古斯塔夫‧福樓拜（Gustave Flaubert）曾告誡人們：任何事物都只需一個名詞來稱呼，只用一個動詞來表現它的動作，只用一個形容詞來形容它。如果講話者詞彙貧乏，說話時即便絞盡腦汁，也絕不會有精彩的談

吐。此外，會「刪繁就簡也是培養說話簡潔明快的一種有效方法，古代有一首〈制鼓歌〉，原文 16 個字：「緊蒙鼓皮，密釘釘子，天晴落雨，一樣聲音。」夠言簡意賅了吧？

　　需要一提的是，簡潔絕非為簡而簡，以簡代精。簡潔要從實際效果出發，簡得適當，恰到好處。否則，硬是掐頭去尾，只能捉襟見肘，掛一漏萬，得不償失。應承認，任何事物都具有雙重性。簡短的語言有時很難將相當複雜的思想感情十分清楚地表達出來。與人交往的時候，過簡的語言則有礙於相互間的了解，使心靈的溝通受到阻礙。同時，簡短也是相對的，不是絕對的。鄒韜奮先生在公祭魯迅先生的大會上只講了一句話，短得無法再短，而恩格斯在馬克思墓前的演說長達 15 分鐘，卻也是世人公認為是精彩的演講。總之，簡短應以精當為前提，該繁則繁，能簡則簡。

　　神人之言微，聖人之言簡，賢人之言明，眾人之言多，小人之言妄。

▌嚴守祕密，守住口風

　　有句老話叫做「禍從口出」，為人處世一定要把好口風，什麼話能說，什麼話不能說，什麼話可信，什麼話不可信，都要在腦子裡多想幾遍。害人之心不可有，防人之心不可無。一旦中了小人的圈套為其利用，後悔就來不及了！

　　有位國王對他的大臣們說了一個祕密，他囑咐他們絕對不能講出去。

　　這個祕密保守了一年的時間。可是一年之後，這個祕密還是被說了出去，並且立即在大街小巷傳開了。

　　對此，國王非常憤怒，決定要找出是誰傳出了祕密並處以極刑。然而，他怎麼也找不出那個人。憤怒的國王將所有的大臣們抓來，叫劊子手把他們拉出去斬首，絕不留情。

其中有一位大臣說：「國王啊！你別殺我們，祕密傳出去不是我們的錯，而是您的錯。這就好比洪水氾濫，你可是洪水的源頭，不從你那裡截住它，才造成了今天的滔天巨浪。你心中的祕密本來就不應該對他人說出，要保守祕密首先要緊閉自己的嘴。祕密只要不說出口就永遠是祕密，一旦說出口那便由不得自己。」

國王聽完後，慚愧不已，當場釋放了所有的大臣。

如果你不能保守自己心中的祕密，就不要奢望別人會幫你保守祕密。

每個人都有自己的祕密，都有一些壓在心裡不願為人知的事情。同事之間，哪怕感情不錯，也不要隨便把你的事情、你的祕密告訴對方，這是一個不容忽視的問題。

你的祕密可能是私事、也可能與公事有關。如果你無意中說給了同事聽。很快地，這些祕密就不再是祕密了，它會成為公司上下人人皆知的事。這樣，對你極為不利，至少同事會多多少少對你產生一點「疑問」，而對你的形象造成傷害。

還有，你的祕密，一旦被別有用心的人知道，他雖然不一定會在公司裡傳播，但在關鍵時刻，他會拿出你的祕密作為武器攻擊你，使你在競爭中失敗。因為一般說來，個人的祕密大多是一些不甚體面、不甚光彩，甚至是有很大汙點的事情。這個把柄若讓人抓住，你的競爭力就會大大地削弱了。

既然祕密是自己的，無論如何也不能對同事講。你不講，保住屬於自己的祕密，沒有什麼壞處；如果你講給了別人，情況就不一樣了，說不定什麼時候別人會以此為把柄攻擊你，使你有口難言。

會心之語，當以不解解之；無稽之言，是在不聽聽耳。

▎勇於自嘲，內智外愚

　　所謂「自嘲」，就是運用嘲諷語言和口氣，戲弄、貶低或嘲笑自己，以打破某種僵持的局面，活躍氣氛，或解脫自己等。

　　滿奮一次陪同晉武帝，坐在靠近北窗的地方。滿奮生性怕風，而北窗是用琉璃製成的，雖然琉璃的質地很密，根本不透風，但看起來卻是一點不擋風的樣子。滿奮有點「杯弓蛇影」，深怕被北風吹到了，但又不好開口換個座位，局促不安地如坐針氈。

　　晉武帝看他的神態，知道他是怕風，便告訴他不會透風，沒有關係。滿奮當著皇帝的面很不好意思，自嘲說：「臣就像南方的水牛，怕熱怕慣了，看見月亮也疑心是太陽，不由得喘起粗氣。」這便是成語「吳牛喘月」的出處。

　　滿奮以水牛比成自己，把自己的緊張誇張化、形象化，取得了幽默效果，表現了坦誠忠實的品格，因此得到了皇帝的信賴和好感。

　　王慈是僧虔的兒子，父子兩個的書法都很好，在南齊時齊名。謝鳳曾問王慈：「你的書法是不是可以趕上虔公？」

　　王慈回答：「我趕不上，就好比雞永遠比不上鳳一樣。」

　　王慈把自己比成雞，把父親比成鳳，一個飛翔九天之外，一個土堆中覓食，高下優劣，顯然可知。他貶低了自己，卻褒揚了父親，表現了他對父親的敬佩與崇敬之情，也說明了他的謙虛謹慎和永不滿足。

　　善於自嘲的人，往往就是一個富有智慧和情趣的人，也是一個勇敢和坦誠的人，更是一個內智外愚的人。

　　美國前總統小狄奧多·羅斯福家有一次被盜，家裡值錢的東西都被洗劫一空。羅斯福的朋友知道後，都安慰他，希望他不要太在意。誰知羅斯福卻說：「親愛的朋友，謝謝你們的安慰，我現在很平安。感謝上帝，因為：第

第9章　言辭謹慎，把好嘴門

一，賊偷走的是我的東西，沒有傷害我的生命；第二，賊只偷去我的部分東西，而不是全部；第三，最值得慶幸的是，做賊的是他而不是我。」

按常理講，羅斯福應該譴責盜賊的不道德，可是這樣也是於事無補，但羅斯福慶幸，是別人做了不光彩的角色。人生不如意事十之八九。面對淒風苦雨的侵襲，於惡劣的環境之中，對待生活就應該有一顆感恩而知足的心。

有一對老夫妻，從前也是非常趕流行，穿著打扮時髦，生活方式上也有著自己的個性愛好，例如：經常去跳舞、打牌……在世俗的眼光中，他們的舉止行為非常惹人注意。現代人稱之為另類。但那時的人們卻稱之為「阿飛」，而且是一對「阿飛」！這對「阿飛」倒也不生氣，而且飛也飛不到哪裡，也像一般人一樣生活著。在為孩子取名時，剛當了爸爸的男阿飛則開始自嘲，對太太講：不識廬山真面目，只緣身在此山中。既然人人都說我是阿飛，你也是阿飛，這孩子是「阿飛」成雙配對後的結晶，乾脆，兒子就叫「雙飛」吧！太太贊同，最後他們孩子的名字就叫「雙飛」！

自嘲是一種鮮活的生活態度，它使原本很沉重的東西剎那間變得輕鬆無比，會讓別人砸過來的重拳落在棉花上。「雙飛」的父母在他人嘲笑之後不僅自嘲，且將自嘲作為一種符號和痕跡伴隨著生活而不斷延伸。

在日常工作與生活中，懂得自嘲的人，他們所得到的並不只是笑聲，更贏得尊敬和友誼。一位叫美琪的朋友，被調皮的男同事嘲笑是「小美冰琪淋」，但她不以為意，還介紹說：「對啊！營養美味！謝謝你的讚美」。還有一個外號叫「寶哥」的人，非常愛耍寶，是朋友中的開心果，喜歡調侃人，但沒有人會生他的氣．因為他總是把最賤的那個角色留給自己，讓大家覺得很公平，甚至有一種被「明貶暗褒」的感覺呢！自嘲表面看來雖然自己有點吃虧，但實際上卻輕易地建立起親和的形象來，周圍的朋友會覺得你輕鬆、自在，是個「開得起玩笑」的人，因而樂於靠近你。

自嘲是一種智慧。生活有時候不那麼令人滿意，如果一味地去追求完美，也許會患得患失，少了做人的樂趣。但如果換一種方式來對待生活，自己給自己一點安慰，以感恩的心情來生活，也許我們會快樂許多。

貶損自己，求得寬容，由無望到有生，何樂而不為？

逢人減歲，遇物加錢

俗語說：「逢人減歲，遇物加錢」。每個人都希望自己永遠年輕。因此，成年人對自己的年齡非常敏感。如一位三十出頭的少婦被一個年輕人稱為「阿姨」，她會高興嗎？

由於成年人普遍存在這種怕老心理，所以，「逢人減歲」就成了討人喜歡的說話技巧了。這種技巧特徵在於把對方的年齡盡量往小的說，使對方覺得自己看起來年輕，保養有方等，產生一種心理上的滿足。例如一個三十多歲的人，你說他看上去只有二十多歲；一個六十多歲的人，你說他看上去只有四五十歲，這種「美麗的錯誤」、「善意的謊言」，對方是不會認為你缺乏眼力，對你反感的，相反地，他會對你產生好感。

買東西是再平常不過的一種日常行為。在我們的心中，能用便宜的價格買到精美的物品，那是消費者的本事，那是聰明人的一種象徵，雖然我們不一定都是擅長買東西的人，但我們還是希望我們的購物能力能得到別人的認可。因此，當我們買了一件物品之後，如果自己花了 50 元，別人卻認為只需花 30 元時，就會產生一種失落感，覺得自己不會買東西。但是，如果我們花了 30 元，而別人認為需要花 50 元時，則會有一種成就感，認為自己很會買東西。由於這種購物心態的存在，估計別人買的東西價格時適當「抬高」這種說話技巧也就有了用武之地。

進善言，受善言，如兩來船，則相接耳。

少說多聽，其樂融融

　　人有兩隻耳朵一張嘴，就是為了聽和說。不重視、不善於傾聽就是不重視、不善於交流，而人與人交流的一半就是要學會用心傾聽對方的談話。不管你的口才有多好，你的話有多精彩，都要注意聽聽別人說些什麼，看看別人有些什麼反應。俗話說得好：「會說的不如會聽的。」也就是說：只有會聽，才能真正會說；只有會聽，才能更好地了解對方，促成有效的交流。尤其是和有真才實學的人一起交談更要多聽，不僅要多聽，還要會聽。所謂「聽君一席話，勝讀十年書」，大概也正是這個意思吧！

　　那麼，是不是我們什麼都不說，只一味地去聽呢？當然不是。假如一句話都不說，別人即使不認為你是啞巴，也會認為和你對談一點興趣都沒有。態度冷漠，這樣會使對方覺得尷尬、掃興，不願再說下去。到底多說好，還是少說好呢？這要看交談的內容和需要了。如果你的話有用，對方也感興趣，當然可以多說；倘若你的話沒有什麼實質內容和作用，還是少說為佳。即使你對某個話題頗有興趣和見解，也不要滔滔不絕，沒完沒了，更不要打斷別人，和別人搶話題，因為那樣會令人討厭，甚至破壞整個談話氣氛。

　　聽話也有訣竅。當某人講話時，有些人目光游移，心不在焉，給人一種輕視談話者的感覺，讓對方覺得你對他不滿意，不願再聽下去，這樣肯定會妨礙正常有效的交流。當然，所謂注意聽也不是死盯著講話者，而是適當地注視和有所表示。

　　只要將人際關係處理得好的人和人際關係僵硬的人做個比較，就會明白，越是善於傾聽他人意見的人，人際關係就越理想。就是因為，聆聽是褒獎對方談話的一種方式。

如何學會聆聽？以下提幾點建議。

◆ **保持耳朵的暢通**：在與人交談時，盡量地使對方談他所感興趣的事，並用鼓勵性的話語或手勢讓對方說下去，並不時地在不緊要處說一、兩句讚嘆的話，對方會認為你很尊重他。

◆ **全心全意地聆聽**：輕敲手指或頻頻用腳打拍子，這些動作是會傷害對方自尊心的。與人交談時，眼睛要看著對方的臉，但不要長時間地盯住對方的眼睛，因為這樣會使對方產生厭惡的情緒。只要你全神貫注，輕輕鬆鬆地坐著，不用對方將音量加大，你也可以一字不漏地聽進耳朵裡。

◆ **協助對方把話說下去**：協助對方把話說下去很重要，因為別人說了一大堆以後，如果得不到你的回應，儘管你在認真地聽，對方也會認為你心不在焉。

在對方話語的不緊要處，不妨用一些很短的評語，以表示你在認真地傾聽，例如「真的嗎？」「太好了！」「告訴我是怎麼回事？」「後來呢？」這些話語會使對方興趣倍增。

假如你和一個老朋友在一起吃飯，他說他前幾天跟上司吵了一架，這幾天悶得很。如果你對他說：「到底是怎麼回事？你說說看。」他會對你說很多，他就有了一個訴苦的機會，心情便好多了，自然你們的友情也會加深一層。

◆ **不要打斷**：在別人講話的時候，如果你自作聰明，打斷別人說的話，這會引起對方的憤怒。

◆ **要學會聽出言外之意**：通常，除了說話以外，一個眼色、一個表情、一個動作都能在特定的語境中表達明確的意思。就是同一句話也可以聽出其弦外之音、言外之意。

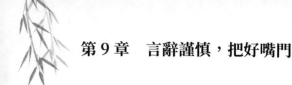

◆ **用心聽，要聽全面**：美國加州大學精神病學家謝佩利醫生說，向你所關心的人表示你可能不贊成他們的行為，但欣賞他們的為人，這是非常重要的。仔細聆聽能幫助你做到這一點。認真聽，並且要聽全面的而不是支離破碎的話語，否則你會妄加評說，影響溝通。

聆聽可以讓我們在尊重他人的基礎上，做到最大限度上的了解他人，隱藏自己。何樂而不為呢？

多讀兩句書，少說一句話，讀得兩行書，說得幾句話。

忠言逆耳，加層「糖衣」

有時候，你對家人、對朋友，覺得有許多話不得不說，可是說了，卻又擔心傷感情，怕把事情弄糟了。這時該怎麼辦？

俗話說「良藥苦口利於病，忠言逆耳利於行」；其實，有時候良藥未必苦口，忠言也未必逆耳。把良藥弄成苦口，導致病人不敢吃，這是醫學不發達的現象；把忠言弄成逆耳，導致別人不能接受，是說話的人沒有注意表達方式的結果。

我們都有這種經歷，我們並不是不願意聽別人的批評，也不是不能接受批評。有時，我們還真希望有人來指點指點，或者是請教別人。我們做了事情、說了話、寫了文章、自己不放心或不敢下判斷，這時候我們何嘗不希望有人能出來告訴我們哪點好，哪點不好。有的時候，我們因為別人能夠忠實地、大膽地指出我們許多錯誤而對他感激不盡，甚至永世不忘。只是，有些批評和忠告我們聽了卻覺得難受、委屈和氣憤，感到自尊心、自信心都大受打擊。

同樣是批評，為什麼會產生兩種效果呢？其原因，關鍵是別人對我們的同情與了解的程度深刻與否。我們始終歡迎的是那些了解我們，且又非

常同情我們的人，對我們進行坦誠而又充滿熱忱的批評。

　　毫無疑問，苦口的良藥和不苦口的良藥放在一起，每個人都會選擇不苦口的良藥。同理，逆耳的忠言和悅耳的忠言比較起來，悅耳的忠言也許永遠占上風的。

　　近年來醫學發達，大部分苦口的良藥漸漸被淘汰了，雖然有些仍然是苦的，但在苦口的良藥外面，大多加了一層「膠囊」。而我們的逆耳忠言外面，一樣也需要加一層「糖衣」。

語氣緩和，態度和善

　　說到底，忠告是為了對方，為對方好是根本出發點。因此，要讓對方明白你的一番好意，就必須注意自己的語氣和態度，不可疏忽大意、隨便草率。此外，講話時態度一定要謙和誠懇，用語不能激烈，也不必過於委婉，否則對方就會產生你在教訓他或你是假惺惺地可憐他的反感情緒。

選擇適當的場合和時機

　　例如，當部下盡了最大努力而事情最終沒有辦好時，此時最好不要向他提出忠告。如果你這時不適宜地說「如果不那樣就不至於這麼糟了」之類的話，即使你指出了問題的要害且很有理，而部下心裡卻會頓生"你沒看見我已拚盡全力了嗎？"的反感，效果當然就不會好了。相反，如果此時你能說幾句「辛苦你了」、「你已做了最大的努力」、「這事的確比較難辦」的安慰話，然後再與部下一起分析失敗的原因，最終部下是會欣然接受你的忠告的。

　　此外，在什麼場合提出忠告也很重要。原則上講，提出忠告時，最好以一對一，避開耳目，千萬不要當著他人的面向對方提出忠告。因為這樣做，對方就會受自尊心驅使而產生抵觸情緒。

不要貶低對方

　　忠告的第三個要素，就是不要以事與事、人與人比較的方式提出忠告。因為此時的比較，往往是拿別人的長比對方的短，這樣很容易傷害對方的自尊心。

　　例如，一位母親這麼忠告自己的兒子：「小明，你看隔壁家的小路多有禮貌，多乖啊！你和他同年生，你還比他大兩個月，你要好好向他學習，做個好孩子喔！」

　　兒子可能會說：「哼！整天都在說小路，這麼厲害的話，乾脆讓他當你的兒子算了！」

　　兒子的自尊心受到傷害，母親的忠告效果是適得其反的。

　　再如，丈夫對妻子提出了忠告：「你看李太太哪天不是整整齊齊的，而你總是不注意形象，你就不能學學別人嗎？」

　　妻子往往會反擊：「學學人家？你的收入有她丈夫多嗎？你賺得夠多，難道我還不會打扮嗎？」

　　雖然妻子明明知道自己的弱點，但出於自尊心，她沒好氣地回敬著丈夫，丈夫的忠告失敗了。

　　世人破綻處，多從周旋處見；指摘處，多從愛護處見；艱難處，多從貪戀處見。

▌拒絕他人，莫傷和氣

　　世界著名影星蘇菲亞・羅蘭（Sophia Loren）在自傳中，記錄了卓別林的一段話：「妳必須克服一個缺點。如果妳想成為一個生活美滿的女人，妳必須學會一件事，也許是生活中最重要的一課，必須學會說『不』。妳不會說『不』，蘇菲亞，這是個嚴重缺點。我很難說出口，但我一旦學會

說『不』，生活就變得好過多了。」卓別林的意圖是告誡人們要樹立一種嚴肅的、獨立自主的生活態度。

　　生活中有不少人，不認識「不」字的偉人，遇事優柔寡斷、畏首畏尾，結果常使自己處於被動地位，聽命於人。這些人心裡都知道不要什麼、不能怎樣，和為什麼不要、為什麼不可能，可就是學不會說「不」。

　　敷衍式的拒絕是最常見最常用的一種拒絕方法，敷衍是在不便明言回絕的情況下，含糊迴避請求人。敷衍是一種藝術，運用好了會取得良好的效果。如：有一次莊子向監河侯借錢，監河侯敷衍他，說道：「好！再過一段時間，等我去收租，收齊了就借你三百兩金子。」監河侯的敷衍很有水準，不說不借，也不說馬上借，而是說過一段時間收租後再借。這話有幾層意思：一是我目前沒有，現在不能借給你；二是我也不是富人；三是過一段時間不是確指，到時借不借再說。莊子聽後已經很明白了，但他不會怨恨什麼，因為監河侯並沒有說不借他，只是過一段時間再說而已，還是有希望的。

　　敷衍式的拒絕具體可分為以下幾種：

◆　推託其辭。在不便明言相拒的時候，推託其辭是一種比較策略的辦法。人處在一個大的社會背景中，互相制約的因素很多，為什麼不選擇一個盾牌擋一擋呢？如：有人拜託你辦事，假如你是成員之一，你可以說，我們部門是集體作業，像你的事，需要大家討論，才能決定。不過，這件事恐怕很難通過，最好還是別抱什麼希望，如果你實在要堅持的話，就等大家討論後再說，我個人說了不算數。這就是推託其辭，把矛盾引向了另外的地方，意思是：我不是不辦，而是我辦不了。聽到這樣的話，一般人都會打退堂鼓說：「那好吧，既然是這樣，我也不難為你了，以後再說吧！」

◆　答非所問。答非所問是裝糊塗，給請託者暗示。

　　如：「此事您能不能幫忙？」

　　「我明天必須去參加會議。」

　　答非所問，既婉拒了對方，對方也會從你的話語中感受到，他的請託得不到你的幫助，只好採取別的辦法。

◆　含糊拒絕法。如：「今晚我請客，請務必光臨。」

　　「今天恐怕不行，下次一定來。」

　　下次是什麼時候，並沒有說定，實際上給對方的是一個含糊不定的概念。對方若是聰明人，一定會聽出其中的意思，而不會強人所難了。

　　善默即是能語，用晦即是處明，混俗即是藏身，安心即是適境。

▎適時安慰，最得人心

　　吳小姐接受乳房腫瘤切除手術時，她的親人都來給她種種支持和幫助。「母親替我照顧孩子，妹妹替我上市場買東西，我丈夫每天在醫院陪我，」她說，「可是我幾個最要好的朋友，即使在我動了手術以後，也沒有來看我。等到他們終於來了，卻喋喋不休地無所不談，就是不談我的病，好像根本沒有發生過什麼似的。」

　　當我們認識的人遭遇不幸時，我們的反應總是不大得體。我們偏偏說出他們不願意聽的話，令他們難過；他們需要我們時，我們卻不在他們身邊；或者，就是和他們見了面，我們也故意迴避那個敏感的話題。既然我們並非存心對他們無禮或冷漠，那麼，為什麼我們會在其實願意幫忙的時候有那樣的表現呢？

　　我們大多數人都有過這樣的經驗，就是無意中說錯了一句話，巴不得能把它收回。我們怎樣才能在某個人處於困難時對他說適當的話呢？雖

然沒有嚴格的準則，但有些辦法可使我們衡量情況和做出得體而真誠的反應，以下是一些建議。

- **留意對方的感受，不要以自己為中心**：當你去探訪一個遭遇不幸的人時，你要記得你到那裡去是為了支持他和幫助他。你要留意對方的感受，而不要只顧自己的感受。

  不要以朋友的不幸際遇為藉口，而把你自己的類似經歷拉扯出來。要是你只是說：「我是過來人，我明白你的心情。」那當然沒有什麼關係。但是你不能說：「我母親死後，我有一個星期吃不下東西。」每個人的悲傷方式並不相同，所以你不能硬要一個不像你那樣公開表露情緒的人感到內疚。

- **盡量靜心傾聽，接受他的感受**：喪失了親人的人需要哀悼，需要經過悲傷的各個階段和說出他們的感受和回憶。這樣的人談得越多，越能產生療效。要順著你朋友的意願行事，不要設法去逗他開心。只要靜心傾聽，接受他的感受，並表示了解他的心情。有些在悲痛中的人不願意多說話，你也得尊重他的這種態度。一個正在接受化學治療的人說，她最感激一個朋友的關懷。那個朋友每天給她打一次電話，每次談話都不超過一分鐘，只是讓她知道他惦記著她，但是並不堅持要她報告病情。

- **說話要切合實際，但是要盡可能表示樂觀**：泰莉‧福林馬奧尼是麻州綜合醫院的護理臨床醫生，曾給幾百個愛滋病患者提供諮詢服務。據她說，許多人對得了絕症的人都不知道說什麼才好。

  「你到醫院去探病時，說話要切合實際，但是要盡可能表示樂觀，」福林馬奧尼說：「例如『你覺得怎樣？』和『有什麼我可以幫忙的嗎？』這些永遠都是得體的話。要讓病人知道你關心他，知道有需要

時你願意幫忙。不要害怕和他接觸，拍拍他的手或是摟他一下，可能比說話更有安慰作用。」

◆ **主動提供具體的援助**：一個處於悲痛的人，可能對日常生活的細節感到不勝負荷。你可以自告奮勇，向他表示願意替他跑腿，幫他完成一項工作，或是替他接送學鋼琴的孩子。「我摔斷背骨時，覺得生活完全不在我掌握之中，」一位有個小女孩的離婚婦人瓊恩說，「後來我的鄰居們輪流替我開車，使我能夠放鬆下來。」

◆ **要有足夠的耐心**：喪失親人的悲痛在深度上和時間上各不相同，有的往往持續幾年。「我丈夫死後，」一位寡婦說，「兒女們老是說：『雖然妳和爸爸的感情一直很好，可是現在爸爸已經過去了，妳得繼續活下去才好。』我不願意別人那樣對待我，好像把我視作摔跤後擦傷了膝蓋而不願起身似的。我知道我得繼續活下去，而最後我的確活下去了。但是，我得依照我自己的方法去做。悲傷是不能夠匆匆而過的。」

在另一方面，要是一個朋友的悲傷似乎異常深切或者歷時長久，你要讓他知道你在關心他。你可以對他說：「你的日子一定很難過。我認為你不應該獨立應付這種困難，我願意幫助你。」

贈人以言。重於金石珠玉。

言語失誤，巧妙彌補

俗話說：「人有失足，馬有失蹄」。在人們的交際過程中，無論凡人名人，都免不了發生言語失誤。雖然其中原因有別，但它造成的後果卻是相似的；或貽笑大方，或糾紛四起，有時甚至不可收拾。

那麼，能不能採取一定的補救措施或者矯正之術，去避免言語失誤帶來的難堪局面呢？回答是肯定的。下面我們將介紹幾種常見的彌補方法。

坦率道歉

說錯了話，坦率道歉是一種美德。

被譽為「小旋風」的流行歌手林志穎，一次有人問及他對「四大天王」的看法和對郭富城的印象，林志穎故作詼諧道：

「四大天王嘛我不知道。郭富城嘛，他是我爸爸吧？」

一語既出，舉座譁然，人們紛紛指責他不知天高地厚。後來，他為補救失誤，重塑自我形象，在一次接受採訪時，坦然表示：

「說那樣的話我深感遺憾。我願公開向郭富城道歉。」

至此，這場風波才算平息下去。它說明，對待言語失誤，有時公開道歉比猶抱琵琶半遮面的掩飾來得高明。

借題發揮

據說，司馬昭與阮籍有一次同上早朝，忽然有侍者前來報告一起案件：

「有人殺死了自己的母親！」

放蕩不羈的阮籍不假思索便說：

「殺父親也就罷了，怎麼能殺母親呢？」

此言一出，滿朝文武大譁，認為他「有悖孝道」。阮籍也意識到自己言語的失誤，忙著解釋說：

「我的意思是說，禽獸才知其母而不知其父。殺父就如同禽獸一般，殺母呢？就連禽獸也不如了。」

這些話，竟使眾人無可辯駁，阮籍避免了遭眾人譴責的麻煩。其實，阮籍在失口之後，只是使用了一個比喻，就暗中更換了題旨，然後借題發揮一番，巧妙地平息了眾怒。

第9章　言辭謹慎，把好嘴門

　　在現實生活中，借題發揮也大有用武之地。某所學校在一次智力競賽中，主持人問：「三綱五常中的『三綱』指的是什麼？」一名女生搶答道：「臣為君綱，子為父綱，妻為夫綱。」恰好顛倒了三者關係，引起哄堂大笑。當這名女生意識到答錯後，她將錯就錯，立刻大聲說道：「笑什麼，建國這麼多年了，封建的舊『三綱』早已不存在，我說的是新『三綱』。」主持人問：「什麼叫做新『三綱』？」她說：「現在是人民當家作主，上級要為下級服務，領導者是人民的公僕，豈不是臣為君綱？當前獨生子女是父母的小皇帝，家裡大小事都依著他，豈不是子為父綱？在許多家庭中，妻子的權力遠超過了丈夫，『妻管嚴』比比皆是，豈不是妻為夫綱嗎？」她一說完，場上掌聲四起。大家都讚賞她創新的言論和應變能力。

及時改口

　　歷史上許多名人，在失言時仍死不改口，因而慘敗的情形不乏其例。例如1976年10月6日，在美國傑拉德・福特總統和吉米・卡特共同參加的，為總統選舉而舉辦的第二次辯論會上，福特對《紐約時報》記者提到關於波蘭問題的提問，作了「波蘭並未受蘇聯控制」的回答，並說「蘇聯強權控制東歐的事實並不存在」。這一發言在辯論會上屬明顯的失誤，立即遭到記者反駁。但反駁之初，記者的語氣還比較委婉，意圖給福特以改正的機會。他說：「問這一件事我覺得不好意思，但是您的意思難道在肯定蘇聯沒有把波蘭視為其附庸國？也就是說，蘇聯沒有憑軍事力量壓制東歐各國？」

　　福特如果當時明智，就應該承認自己失言並偃旗息鼓，然而他卻繼續堅持，一錯再錯，結果為那次即將到手的選舉付出了沉重的代價。刊登這次電視辯論會的所有專欄、社論都紛紛對福特的失策做了報導，他們驚問：

「他是真正的傻瓜嗎？還是像隻驢子一樣的頑固不化？」

卡特也乘機把這個問題再三提問，鬧得天翻地覆。

高明的辯論家在被對方擊中要害時，絕對不強詞奪理，他們或點頭微笑，或輕輕鼓掌。如此一來，觀眾或聽眾弄不清楚葫蘆裡藏著什麼藥。有的從某一方面理解，認為這是他們服從真理的良好風範；有的從另一方面理解，又以為這是他們不為辯解的豁達胸懷。而究竟他們認輸與否尚是個未知的謎。這樣的辯論家即使要說也能說得很巧，他們會向對方笑道：「你講得好極了！」

在實踐中，遇到口誤這種情況，有兩個補救辦法可供參考：

◆ **移植法**：把錯話移植到他人頭上。如說：「這是某些人的觀點，我認為正確的說法應該是……」這就把自己已出口的某句錯誤糾正過來了。對方雖有某種感覺，但是無法認定是你說錯了。

◆ **引開法**：迅速將錯誤言詞引開，避免在錯中糾纏。就是接著那句話之後說：「然而正確說法應是……」或者說：「我剛才那句話還應作如下補充……」。這樣就可將錯話抹掉。

遇沉沉不語之士，且莫輸心；見悻悻自好之人，應須防口。

第 9 章　言辭謹慎，把好嘴門

第 10 章
無為而治，妙手御人

　　天地雖然廣大，以無為心，聖人雖大，以虛為、王。所以，除去了自私，便無自身，則四海沒有不朝上看的，遠近沒有不到的。

▌楔子

《韓非子》中曾講過這樣的故事：

有一位官吏被任命為一城之長，為了使這個城市的政治安定，人民安樂，他夜以繼日地操勞政事，結果日益消瘦。友人見狀不禁嘆嘆道：

「老兄，你怎麼會瘦成這樣子！」

「治理政事，實在勞心勞力，怎能不瘦？」

友人則哈哈大笑起來：

「過去，舜天子焚香彈琴治理天下，就使天下安和，百姓樂業。而你如今只為一城之政事，就辛勞操勞若此，若請你去治理天下，又當如何呢？」

不懂得無為而治者，難免和這位官吏一樣，忙得焦頭爛額而一無所成。

要做到自己無為，而讓部下有為，這才是懂得管理之道的人。這裡的關鍵是要選擇和任用好部下，並發揮他們的作用。從這個角度來看，上司的無為也並非完全地無所作為。

老子崇尚無為，主張順從自然而變化。他認為，無為才合乎天道，才是唯一至樂活身的道。

老子說：「人法地，地法天，天法道，道法自然。」推究起來，人也要法道，即是依照其本來的自然，因而無所為。

但是人在天地間，要生存下去，不可能毫無作為。對此老子並非不懂，只是他深深體會到物極必反的道理，所以主張「知止可以不殆」。老子主張以柔克剛，他並不是不知剛的作用；主張無為，並不是不知道人類必須有所作為。但他知道如果只守剛，則剛過必折；只是作為而不懂無為，則作為就會產生相反的結果。老子把以柔克剛，無為則無不為的觀點作為他的思想的核心提出來，實是對事物的發展的規律有深刻體悟的結果。

老子把他的這一思想運用到政治和管理領域。他說：

「治理國家要無為，做事不要生事，品味要不討厭無味。」、「我無為而治，人民就自然地化育；我喜愛清靜，人民就自然地安定；我不生事，人民就自然地富足；我沒有貪欲，人民就自然質樸。」

老子批評那些不懂無為而治的為政者，說：

「打算治理天下而又行有為之政，我看他不可能達到目的。『天下』這個神聖的東西，不是可以勉強作為的。勉強作為就會失敗，執持而不放就會失去天下。」

我們將老子的無為思想運用於管理，可以概括為如下兩個方面。

第一，在上位者要自己有所不為，而讓部下能夠充分發揮其才智和能力。古代的一些帝王端坐龍庭，垂拱而治，並不包辦一切，而國家卻治理得有條不紊，就是懂得了無為而治的道理。

孔子在《論語》中說：

「無為而治者，其舜也歟！夫何為哉，恭己正南面而已矣。」

孔子讚揚舜的為政態度，說他恭敬自守，端居君位，終而得以天下大治。

治理大國，若烹小鮮

老子說：治大國，若烹小鮮。以道蒞天下，其鬼不神。」

「小鮮」即小魚。烹飪小魚不能隨意頻繁地翻動，否則容易破碎而不成魚形。治理大國和烹煮小魚一樣，要清靜無為，不能政令繁苛。因為一旦人民不堪其擾，國家就會陷入混亂之中。

就是說，治理國家要實行無為政治，盡量減少政令頒布，但一旦頒布，就要嚴格執行，不可朝令夕改；在組織管理上，與民休息，不要使民

第10章　無為而治，妙手御人

眾的安樂生活遭受破壞。

對此，老子說過：「民之飢，以其上食稅之多，是以飢。民之難治，以其上之有為，是以難治。民之輕死，以其上求生之厚，是以輕死。夫唯無以生為者，是賢於貴生。」

人民之所以飢餓，是因為在上位者苛重稅，弄得百姓不能自給；人民之所以難治理，是因為在上位者胡作妄作，政令苛刻，弄得百姓無所適從；人民之所以輕生求死，是因為在上位者奉養過奢，弄得百姓不堪需索。因此，在上位者恬淡無欲，清靜無為，要比貴重厚養，以苛政壓榨人民，好得多了。

依據這一思想，老子把為政者分為四個等級。

「太上，不知有之；其次，親而譽之；其次，畏之；其次，侮之。信不足焉，有不信焉。悠兮其貴言。功成事遂，百姓皆謂：『我自然』。」

最上等的君主治理天下，居無為之事，行不言之教，人民各順其性，各安其生，所以人民都不知道君主的存在；次一等的君主，以德教化民眾，以仁義治理民眾，所以人民都親近他，讚譽他；再次一等的君主，以政教治民，以刑法威民，所以人民都畏懼他；最差一等的君主，以權術愚弄人民，以詭詐欺騙人民，所以人民都不服從他。這種君主本身誠信不足，人民當然也不信任他。而最上等的君主卻是悠閒無為，不輕易發號施令，然而人民都能夠各安其生，得到最大的益處。

老子在這裡提出的這種君主的為政之道，實也是給我們指出了四種管理方法。第一種是無為管理，第二種是仁德管理，第三種是有為的高壓管理，第四種則是運用權術的詭詐管理。無為管理是老子所代表的道家的管理思想，仁德管理則是儒家管理思想的核心，有為的高壓管理是西方所說的「科學」管理，是一種對事不對人的管理，運用權術的詭詐管理則是那

些有才無德的小人所最愛使用的管理方式。

應該說，這四種管理方式在現代社會管理中都存在著。在大工業革命的初期，西方資本主義的管理方式主要是上述的第三種管理方式，然而這種高壓式的管理，由於對員工採取指導、訓斥、懲罰等手段，結果大大的挫傷員工的積極性，也影響到企業的效益和發展。現代社會講究的是人性化管理，這種管理更合乎人性，十分重視人才，這種觀點十分接近於儒家的仁德管理。然而，無為管理，儘管在老子那裡，被視為一種最上乘的管理方式，卻並未能獲得現代社會的普遍認可。雖然如此，無為管理的方式，仍在不同場合、不同程度地被現在的管理者所採用，這也證明了這種管理方式的生命力。

老子是把無為而治作為一種政治思想和管理方式而提出的，也許正因為它是一種理想，是一種至上完善的理想，所以才不那麼容易被普遍認可和採用。然而也正因為它是一種理想，所以我們可以肯定地說，它將給現代管理帶來幸福和希望。

無為乃順應自然之理，因為無為，免除了得失之心和世俗的羈絆，所以也就無所不為。

▎蕭規曹隨，不治而治

無為而治，是道家所推崇的政治理想。它要求在上位者遵循天地的運行規則，採用無所作為的態度去治理國家。

莊子在〈天道篇〉中說：

「虛靜、恬淡、寂寞無為，是天地的水平儀、道德的最高峰，所以帝王聖人都生活在這個境界裡。生活在這裡心就虛曠，虛曠才是真正的充實，充實就是合理；虛曠才能行動，行動就有收穫；安靜就會無為，無為

就悠悠自在，悠悠自在，憂患就不放在心上，壽命就會長久。虛靜、恬淡、寂寞無為，是萬物的根本。」

莊子接著又說：「帝王的德性，宗奉天地之道，以道德為基本準則，把無為作為不變的行為規範。無為，支配整個天下還有餘暇；有為，勞碌終日還忙不過來。所以古人非常貴重無為……古代在天下稱王的人，知道雖然包羅天地，但不自己思考；辯才雖能駁倒一切，自己卻並不動口；才能雖然治理四海，卻不親自做事。」

莊子所闡述的這種政治理想，無論是在古代的政治生活中，還是在現代的管理中，都是十分有效的。主管面對部屬不需要鉅細靡遺地管理，只需掌握大原則，其餘細節則讓部下自行摸索、發揮創意。這個方式已被人們廣為接受。

作為一種政治理想，無為而治在歷史上只有漢初實行過。尤其是漢初宰相曹參那裡，這種領導藝術更被發揮得淋漓盡致，曹參也因此成為無為而治型領導者中的典型。

曹參原是劉邦的好友，隨劉邦起兵後，雖然投筆從戎，身經百戰，到了晚年，卻研究黃老之術，講清靜無為之道。平時與人無爭，與世無求，生活非常恬淡。蕭何去世前，推薦了曹參擔任宰相。沒想到曹參繼任丞相後，對於一切的政策、法令，都照蕭何所制定的繼續執行，朝中無所事事，就整天飲酒作樂。有些官吏見曹參不理政事，便想上門來勸說。然而，曹參一見人到，就拿酒給他們喝，把人灌得酩酊大醉，扶出門去，讓他們沒有開口的機會。

相府後面是一座花園，緊靠著花園的後圍牆，就是一所官家宿舍，住在宿舍的官員，終日飲酒叫囂，吵鬧不堪，有些人不勝其擾，很想報告相國。一天，他們陪同曹參遊園，正好聽到吵鬧聲，就乘機報告說這些官員

平日生活如何放縱，請求丞相嚴懲他們。曹參聽說後，就派人將那些好飲酒取鬧的官員們喚來，不僅不喝斥他們，反而大擺酒宴，和他們一起喝酒，搞得那些告發的人們不知如何是好。曹參發現部下有小過失，只要無傷大雅的，總是設法為之隱瞞。這樣一來，朝廷上下，倒也相安無事。

年輕的漢惠帝看到曹參不曾請示報告，覺得自己被曹參輕視，就有些大高興。一天，特地召他到宮中，嚴加指責。曹參摘下帽子，叩頭謝罪說：

「陛下請平心靜氣地想想，您與先帝比，誰較為聖明英武？」

「朕怎敢和先帝比呢？」

「陛下看臣與蕭何是誰比較賢能呢？」

「你好像不如蕭何。」

「陛下說得沒錯，高祖與蕭何平定了天下，制訂了完善的法令。如今，陛下只需垂拱而治，我只需遵守蕭何所訂的法令，不出差錯，這樣不就行了嗎？」

「你說的倒也沒錯。」

三年後，曹參去世了。當時，百姓們歌頌曹參的事蹟說：

「蕭何制訂的法令，清楚整齊劃一；曹參接替為相，遵守蕭何制定的法度而不改變。曹參施行他那清淨無為的做法，百姓因而安寧不亂這是對無為而治的治國政策的稱讚，也是對無為而治型領導者曹參的讚美。

成語「蕭規曹隨」也正由此而來。

在現實生活中，我們常見到一些新上任的管理者，為了表現自己的能力，獲得民心，並顯示自己與前任不同，總是急急有所作為，所謂「新官上任三把火」就是指此。但事實證明，這種新官為了急於求成，往往欲速不達，其原因就是他違背了無為而治的管理原則。

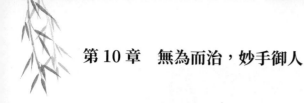

從靜中觀物動，向閒處看人忙，才得超塵脫俗的趣味；遇忙處會偷閒，處鬧中能取靜，便是安身立命的功夫。

剛柔相濟，以柔克剛

老子所談的管理方式，是一種以柔克剛的柔和的管理方式，這種方式與那種強而有力的鐵腕式的管理方式是截然不同的。

然而，老子所談的柔軟，絕不是真正的柔軟，而是柔軟與剛強的靈活運用，剛中含柔，柔中見剛，我們稱之為剛柔並濟。

剛柔並濟是一種智慧的處事方法，也是一種卓越的管理方式。春秋時代鄭國宰相子產就是剛柔並濟治理國家的典範。

子產擔任鄭國宰相時，鄭國內憂外患，處境十分困難。子產一方面大刀闊斧的改革，推動社會轉型；另一方面又積極展開外交活動，於內政外交上都取得不錯的成績，因而改變了鄭國的困難處境。

我們先看子產政治作風中剛強的一面。子產重新劃分全國田地和溝渠，承認土地私有權，並對私田按畝徵稅，促進了農業生產的發展，又將農民集結起來，若干家為一個互助單位合作生產，制定了新的丘賦制度。農民因為增加了新的軍事費用負擔而有所埋怨，子產聽了之後說：

「為了鄭國的利益，縱使犧牲個人生命亦在所不惜。我聽別人說，『如欲為善就必須貫徹如一，否則其所行的善就不能得到實際的功效』。我已下定決心讓鄭國復興起來，即使因此遭受人民的怨尤，亦不能改變我革新的初衷。」

幾年之後，鄭國由於子產的改革，人民富裕了，社會也安定了。之前的那些對子產恨之入骨的農民們，都開始讚揚子產了。

然而，在對待「鄉校」的問題上，子產卻採取了截然不同於上述政策

的婉柔的方式。在「鄉校」中的知識份子常常批評政府的政策，有人向子產建議關閉「鄉校」，但子產不同意：

「沒有這個必要，百姓在一天工作完後，聚集在一起批評我們的施政得失。我們可以參考他們的意見，對獲得好評的政策繼續努力推展，對於獲惡評的施政虛心改善，這些議論者就好像我們的老師？如果以強制的手段阻止他們的言論，就如同要切斷水流，最終使河水潰堤造成大洪水，產生重大損失一般，到時要搶救就來不及了，不如在平時就任隨水流傾瀉以疏通水路。對於人民的言論，堵塞不如疏通，這才是治亂的根本。」

在子產的這段話中，體現了他對水之本性的深刻理解。這種理解也是他實行剛柔並濟政策的依據。

在實際的政治措施上，如欲做到剛柔並用，是件極不容易的事。

子產臨終，在病榻之前，把後事託付給心腹子太叔，並且忠告他說：

「我認為施政的方式不外柔與剛兩者，一般來說以剛性的施政較妥。剛與柔兩者譬如水與火一般，火的性質激烈，故人民見之畏之不敢接近它，所以因火喪生的人極微；反觀水，因為水是溫和的，故而不易使人生畏，但因為水而喪命的卻不在少數。施行溫和的政治看起來雖然容易，但實行起來卻極困難。」

孔子對子產的這些話評論說：

「言之有理。人民在寬大的政治下，每每不聽駕馭，嚴格執法就成為不得已的事。但是用法太急，又讓人民難以喘息，必須剛柔並濟，兩者相輔相成，才能把中庸的政治發揮得淋漓盡致。」

可惜，子太叔並沒有聽從子產的勸告。起初，他想用嚴厲的方式來治理國事，但躊躇不決，最後決定採用寬大為旨的政治，但這麼一來，盜賊卻到處橫行了。

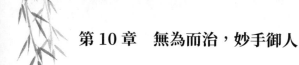

　　實行寬大的政策本身並沒什麼錯，但是只注意寬大而忽視了嚴厲，就會出問題。古人有「寬猛相濟」的說法，就是指要做到柔（寬）與剛（猛）的平衡並施，這可說是華人傳統的理想政治形態。

　　治理國家需要剛柔並濟，同樣，管理社會和企業也需做到剛柔並濟。許多企業管理者一方面嚴格管理，同時又注意施以仁德，關心尊重員工，發現員工的優點，進行合理的分配和調動，做到「人盡其才，物盡其用」。

　　天下最柔軟的莫若水了，但水滴卻可以穿石。

▋識人用人，莫拘小節

　　「水清無大魚」（《後漢書‧班超傳》）。水過於清，大魚就難以生存。同樣道理，我們在判定一個人時，如果拘泥於細枝末節，就不能找到堪當大任的有用之才。

　　人才與普通人的區別，並不在於沒有缺點，而在於缺點與優點相比，短處與長處相比，僅屬於次要的、從屬的地位。因此，判斷一個人是不是人才，就要從大局總體著眼，只要大節信得過，小節則不必斤斤計較。

　　甯戚是衛國人，在牛車下向齊桓公討飯吃，敲擊牛角唱了一首歌。齊桓公感到他不是平凡的人，準備起用他管理國政。群臣說：「衛國離齊國不遠，可派人到衛國去了解一下甯戚。倘若是賢才，再用他也不遲。」齊桓公說：「去了解他，就可能知道他的一些小過失而對他不放心。因為小過而丟棄了人才，這是世上的君主往往錯失天下人才的原因啊！」於是，便舉起火把，封甯戚為齊國大夫。

　　戰國時期齊國宰相管仲，是個不拘小節的人，他的朋友鮑叔牙對此有很深的感觸。鮑叔牙和管仲一起做生意，管仲經常多分給自己錢；管仲三次參與打仗，三次臨陣脫逃；管仲幫鮑叔牙出主意辦事情，反而把事情搞

砸了。但鮑叔牙以為，這都是小事，從整體上看，管仲具有經天緯地之才，有做大事的才能。齊桓公對管仲的認識，也是如此。齊桓公和他哥哥公子糾爭奪王位時，管仲曾用箭射傷過他。後來，公子糾被齊桓公殺死，鮑叔牙推薦管仲為相，齊桓公剛開始不同意。但當鮑叔牙說明，當初管仲用箭射你是為其主，不應揪住不放時，便原諒了管仲的過失。從整體來考慮，任用管仲為相，反而使自己稱霸天下。

上位者常犯的錯誤是尋找「十全十美」的人才，結果往往因小小的缺點，丟棄了有用之才。

三國時期的諸葛亮就犯了許多這樣的錯誤。水至清則無魚，人至察則無徒。諸葛亮似乎不太注意這一道理。他為人「端嚴精密」，但由此產生出一個缺點：凡事求全責備。他識人用人，總是「察之密，待之嚴」，追求完人，對那些有小缺點和不足，而又有一技之長的雄才，往往因小棄大，見其瑕而不見其玉，或者棄之不用，或者使用但不放手。例如，魏延這個人，有勇有謀，諸葛亮一直抓住他「不肯下人」的缺點，懷疑他政治上有野心，始終用而不信，將其雄才大略看作是「急躁冒進」。還有一個劉封，是一位勇敢的戰將，諸葛亮卻認為他「剛猛難制」，勸劉備借機把他除掉了。諸葛亮用人要求完美無缺，造成極為嚴重的惡果，那就是人才空虛，他不能像劉備那樣，武有關、張、趙、馬、黃五虎大將，文有龐統、孔明等智囊常伴身邊，人才濟濟，風雲際會，就連一個稱職的繼承人都沒有選拔出來。

漢人任尚，也犯過這樣的錯誤。

班超長時間待在西域，年事漸高。有一天，他上奏皇帝說，希望能讓他活著回到玉門關內。於是，朝廷召回班超，派戊己校尉任尚代替班超。

任尚對班超說：「您在西域多年，現在我來接替您的職務。我任重而

學淺，請您多多指教。」

班超說：「塞外的官吏士兵，本就不是很溫順的，都是些犯了罪流放到這裡的。那些塞外的蠻夷之人，心如鳥獸一般，難以收服，容易壞事。您的個性過於嚴厲與急躁，水至清則無魚，處理政事過於精細嚴苛，會得不到部下的擁護。應當處事簡約，對別人的小過失盡量寬容，只掌握住大的原則就行了。」

班超走後，任尚私底下對他親近的人說：「我以為班超有多高的謀略呢？聽他一說，也很平常。」並沒有把班超的話放在心上，他還是按照自己的個性行事。果然，過了幾年之後，西域出現了叛亂，果然應驗了班超的話。

任尚的失敗告訴我們，追求完人，不僅得不到真正的人才，反倒增加上位者和群眾下屬之間的矛盾，使彼此處於對立狀態。上位者得不到下屬的擁戴，容易陷入孤立無援的境地。

看中人，在大處不走作；看豪傑，在小處不滲漏。

寧用蠢人，不用小人

宋代政治家王安石開始變法時，用了一大批恃才好勝的人。司馬光不解，便問王安石為什麼如此用人。

王安石答道：「一開始要推行新法，需要借助這些人的才能，到了適當時機，再改用老成持重的人來接替他們。這是智者行法、仁者守成的一招。」

司馬光說：「這話說的不對，君子在被聘請居於要職時，總是謙虛為懷，不輕易答應；當你請他辭退時，他便絲毫不眷戀地離開。而那些恃才好勝、愛出風頭的小人，卻完全相反，他認為這個職位得來不易，所以想

盡辦法保住高位；若你逼他下臺，他便懷恨在心，伺機報復。我想，你這樣用人，日後會出問題的。」

王安石對司馬光的話不在意，只當耳邊風。果然，不出司馬光所料，就是這些當初受到王安石重用的人，最後線全成了出賣他的小人。所以結論是：寧用愚人，不用小人。

一般說來，「德」與「才」是兩個不同的東西。由於世人分辨不清，籠統稱之為「賢」，以致往往用人失當。鑒於這種情況，司馬光認為，應該嚴格區分「德」和「才」。他提出：「善惡逆順，德也。」「智愚勇怯，才也。」也就是說，人的善良、惡毒、悖逆、隨順，即思想品格，叫做「德」；人的聰明、愚昧、勇敢、怯懦，即處事能力，叫做「才」。司馬光認為，在「德」和「才」之間，「德」比「才」更重要，「德」是「才」的統帥，「才」是「德」的工具。

司馬光根據他的德才觀對人才進行分類。他認為：「才德全盡謂之聖人，才德兼亡謂之愚人；德勝才謂之君子，才勝德謂之小人。」

既然把人分成四種類型，那麼應優先任用哪些人呢？司馬光說：「凡取人之術，苟不得聖人，君子而與之，與其得小人，不若得愚人。」

就是說，用人先用德才兼備的聖人，其次用心胸坦蕩的君子，不得已而用愚人，但萬不可用小人。為什麼呢？因為「君子挾才以為善」，才能是用來做好事的；愚者「雖欲不為善，智不能周，力不能勝」，所以為害不大；而「小人智足以遂其奸，勇足以決其暴，是虎而翼者也」。小人心術不正，而又有「智」、「勇」的話，做起壞事來，後果將不堪設想。

駿馬能歷險。犁田不如牛。堅車能載重，涉河不如舟。舍長以就短，智者難為謀。生材貴適用，慎勿多苛求。

▍亂象之下，需用奇招

　　獎賞下屬，是一個十分傷腦筋的問題。適當的獎賞，會讓下屬積極工作，如果不適當，反而會壞事。一部分人可以從另一部分已得到獎賞的人身上照見自己將來的命運。如果預見自己將不會有什麼好結果，那一般都不會認命等待，而會採用某種相應的行動了。

　　漢高祖劉邦經過多年奮戰終於平定了天下。有一天，高祖從洛陽的南宮遠遠地看到諸位將領三三兩兩聚集在寬敞的庭院，好像在議論著什麼。

　　「他們在議論些什麼呢？」高祖問站在身旁的張良。

　　，「他們正在謀劃造反。」張良回答說。

　　高祖有點驚慌，急忙問：「為什麼呢？」

　　「獲得陛下封侯的是蕭何、曹參等直系，而被誅罰的都是平素與陛下疏遠的旁系。現在宮中正在評定各人的功勞，如果獎賞每一個人，就是把天下分掉也不夠分，所以他們都擔心自己不僅得不到獎賞，甚至還會被誅殺。他們聚在一起，正在討論：『何不乾脆起來造反。』」

　　高祖聽張良這麼一說，顯得更加慌張了，急忙問張良：「那該怎麼辦才好呢？」

　　張良獻策說：「陛下最討厭，而且大家都知道的那個人是誰？」

　　「雍齒。」高祖回答。

　　「那就趕快把雍齒封侯給群臣看吧！這樣一做，大家就會認為：連雍齒都能封侯了，我們更沒有問題，這樣大家才會放下心來，而風波自然也就會平息下去了。」

　　高祖一想，張良的話很有道理，就按他的辦法做了，結果群臣果然平靜下來了。

　　三國時的曹操，也是一位能正確運用獎賞治軍的典範。

　　曹操打敗袁紹之後，準備北伐烏桓和遼東。決策之時，有的將領認為孤軍深入，不利於作戰，堅決反對這次出兵。但曹操沒有採用反對意見，堅持北伐。結果打了大勝仗。

　　在開慶功大會時，曹操問：「出發前是哪些人勸我不要北伐的？」當時勸諫過曹操的那些將領都很恐懼，紛紛跪下請罪。曹操哈哈大笑，非但不予治罪，反而每人賜以重賞。他說，這次北伐，差一點全軍覆沒，僥倖取勝的冒險行為只能偶一為之。其實，當初你們的意見是正確的。受賞者聽了無不感嘆，旁觀者也都非常信服。從此，部下獻計獻策的積極性更高了。

　　曹操不愧是一個大智若愚的英雄，難怪他最終吞併了蜀吳二國，成就了彪炳千秋的豐功偉績！

　　潛行密用，如愚如魯。

第 10 章　無為而治，妙手御人

附錄一
《小窗幽記》之〈集醒〉卷

　　《小窗幽記》，一名《醉古堂劍掃》。是晚明小品大家陳繼儒所作，全文共六卷，在此我們附上其最能體現「大智若愚」的第一卷—〈集醒〉。〈集醒〉裡的每句話，都可作為傳世之名言。作者在歷練了坎坷人生之後，總結出各種經驗，告訴人們如何避開鋒芒，如何避免傷害，如何以禮待人，如何規範行止。生活的方法，處世的略論，盡有論述。

〈集醒〉

食中山之酒，一醉千日。今世之昏昏逐逐，無一日不醉，無一人不醉，趨名者醉於朝，趨利者醉於野，豪者醉于聲色車馬，而天下竟為昏迷不醒之天下矣，安得一服清涼散，人人解醒，集醒第一。

倚才高而玩世，背後須防射影之蟲；飾厚貌以欺人，面前恐有照膽之鏡。

怪小人之顛倒豪傑，不知慣顛倒方為小人；惜吾輩之受世折磨，不知惟折磨乃見吾輩。

花繁柳密處，撥得開，才是手段；風狂雨急時，立得定，方見腳跟。

澹泊之守，須從穠豔場中試來；鎮定之操，還向紛紜境上勘過。

市恩不如報德之為厚，要譽不如逃名之為適，矯情不如直節之為真。

使人有面前之譽，不若使人無背後之毀；使人有乍交之歡，不若使人無久處之厭。

攻人之惡毋太嚴，要思其堪受；教人以善莫過高，當原其可從。

不近人情，舉世皆畏途；不察物情，一生俱夢境。

遇嘿嘿不語之士，切莫輸心；見悻悻自好之徒，應須防口。

結纓整冠之態，勿以施之焦頭爛額之時；繩趨尺步之規，勿以用之救死扶傷之日。

議事者身在事外，宜悉利害之情；任事者身居事中，當忘利害之慮。

儉，美德也，過則為慳吝，為鄙嗇，反傷雅道；讓，懿行也，過則為足恭，為曲謹，多出機心。

藏巧於拙，用晦而明，寓清於濁，以屈為伸。

彼無望德，此無示恩，窮交所以能長；望不勝奢，欲不勝饜，利交所以必忤。

怨因德彰，故使人德我，不若德怨之兩忘；仇因恩立，故使人知恩，不若恩仇之俱泯。

天薄我福，吾厚吾德以迓之；天勞我形，吾逸吾心以補之；天阨我遇，吾亨吾道以通之。

澹泊之士，必為穠豔者所疑；檢飾之人，必為放肆者所忌。

事窮勢蹙之人，當原其初心；功成行滿之士，要觀其末路。

好醜心太明，則物不契；賢愚心太明，則人不親。須是內精明，而外渾厚，使好醜兩得其平，賢愚共受其益，才是生成的德量。

好辯以招尤，不若訒默以怡性；廣交以延譽，不若索居以自全；厚費以多營，不若省事以守儉；逞能以受妒，不若韜精以示拙。

費千金而結納賢豪，孰若傾半瓢之粟以濟飢餓；構千楹而招徠賓客，孰若葺數椽之茅以庇孤寒。

恩不論多寡，當厄的壺漿，得死力之酬；怨不在淺深，傷心的杯羹，召亡國之禍。

仕途雖赫奕，常思林下的風味，則權勢之念自輕；世途雖紛華，常思泉下的光景，則利欲之心自淡。

居盈滿者，如水之將溢未溢，切忌再加一滴；處危急者，如木之將折未折，切忌再加一搦。

了心自了事，猶根拔而草不生；逃世不逃名，似羶存而蚋還集。

情最難久，故多情人必至寡情；性自有常，故任性人終不失性。

才子安心草舍者，足登玉堂；佳人適意蓬門者，堪貯金屋。

喜傳語者，不可與語。好議事者，不可圖事。

甘人之語，多不論其是非；激人之語，多不顧其利害。

真廉無廉名，立名者，正所以為貪；大巧無巧術，用術者，乃所以

為拙。

　　為惡而畏人知，惡中猶有善念；為善而急人知，善處即是惡根。

　　談山林之樂者，未必真得山林之趣；厭名利之談者，未必盡忘名利之情。

　　從冷視熱，然後知熱處之賓士無益；從冗入閒，然後覺閒中之滋味最長。

　　貧士肯濟人，才是性天中惠澤；鬧場能篤學，方為心地上工夫。

　　伏久者，飛必高；開先者，謝獨早。

　　貪得者，身富而心貧；知足者，身貧而心富；居高者，形逸而神勞；處下者，形勞而神逸。

　　局量寬大，即住三家村裡，光景不拘；智識卑微，縱居五都市中，神情亦促。

　　惜寸陰者，乃有淩鑠千古之志；憐微才者，乃有馳驅豪傑之心。

　　天欲禍人，必先以微福驕之，要看他會受；天欲福人，必先以微禍儆之，要看他會救。

　　書畫受俗子品題，三生浩劫；鼎彝與市人賞鑒，千古異冤。

　　脫穎之才，處囊而後見；絕塵之足，歷塊以方知。

　　結想奢華，則所見轉多冷淡；實心清素，則所涉都厭塵氛。

　　多情者，不可與定妍媸；多誼者，不可與定取與。多氣者，不可與定雌雄；多興者，不可與定去住。

　　世人破綻處，多從周旋處見；指摘處，多從愛護處見；艱難處，多從貪戀處見。

　　凡情留不盡之意，則味深；凡興留不盡之意，則趣多。

　　待富貴人，不難有禮，而難有體；待貧賤人，不難有恩，而難有禮。

山棲是勝事，稍一縈戀，則亦市朝；書畫賞鑒是雅事，稍一貪痴，則亦商賈；詩酒是樂事，少一徇人，則亦地獄；好客是豁達事，一為俗子所撓，則亦苦海。

多讀兩句書，少說一句話，讀得兩行書，說得幾句話。

看中人，在大處不走作，看豪傑，在小處不滲漏。

留七分正經，以度生；留三分痴呆，以防死。

輕財足以聚人，律己足以服人，量寬足以得人，身先足以率人。

從極迷處識迷，則到處醒；將難放懷一放，則萬境寬。

大事難事，看擔當；逆境順境，看襟度；臨喜臨怒，看涵養；群行群止，看識見。

安詳是處事第一法，謙退是保身第一法，涵容是處人第一法，灑脫是養心第一法。

處事最當熟思緩處。熟思則得其情，緩處則得其當。必能忍人不能忍之觸忤，斯能為人不能為之事功。

輕與必濫取，易信必易疑。

積丘山之善，尚未為君子；貪絲毫之利，便陷於小人。

智者不與命鬥，不與法鬥，不與理鬥，不與勢鬥。

良心在夜氣清明之候，真情在簞食豆羹之間。故以我索人，不如使人自反；以我攻人，不如使人自露。

俠之一字，昔以之加意氣，今以之加揮霍，只在氣魄氣骨之分。

不耕而食，不織而衣，搖唇鼓舌，妄生是非，故知無事之人好為生事。

才人經世，能人取世，曉人逢世，名人垂世，高人出世，達人玩世。

寧為隨世之庸愚，無為欺世之豪傑。

沾泥帶水之累，病根在一戀字；隨方逐圓之妙，便宜在一耐字。

天下無不好諛之人，故諂之術不窮；世間盡是善毀之輩，故讒之路難塞。

進善言，受善言，如兩來船，則相接耳。

清福上帝所吝，而習忙可以銷福；清名上帝所忌，而得謗可以銷名。

造謗者甚忙，受謗者甚閒。

蒲柳之姿，望秋而零；松柏之質，經霜彌茂。

人之嗜名節，嗜文章，嗜遊俠，如好酒然。易動客氣，當以德性消之。

好談閨閫，及好譏諷者，必為鬼神所怒，非有奇禍，則必有奇窮。

神人之言微，聖人之言簡，賢人之言明，眾人之言多，小人之言妄。

士君子不能陶鎔人，畢竟學問中工力未透。

有一言而傷天地之和，一事而折終身之福者，切須檢點。

能受善言，如市人求利，寸積銖累，自成富翁。

金帛多，只是博得垂死時子孫眼淚少，不知其他，知有爭而已；金帛少，只是博得垂死時子孫眼淚多，亦不知其他，知有哀而已。

景不和，無以破昏蒙之氣；地不和，無以壯光華之會。

一念之善，吉神隨之；一念之惡，厲鬼隨之。知此可以役使鬼神。

出一個喪元氣進士，不若出一個積陰德平民。

眉睫才交，夢裡便不能張主；眼光落地，泉下又安得分明。

佛只是個了，仙也是個了，聖人了了不知了。不知了了是了了，若知了了，便不了。

萬事不如杯在手，一年幾見月當空。

憂疑杯底弓蛇，雙眉且展；得失夢中蕉鹿，兩腳空忙。

名茶美酒，自有真味。好事者投香物佐之，反以為佳，此與高人韻士誤墮塵網中何異。

花棚石磴，小坐微醺。歌欲獨，尤欲細；茗欲頻，尤欲苦。

善默即是能語，用晦即是處明，混俗即是藏身，安心即是適境。

雖無泉石膏肓，煙霞痼疾，要識山中宰相，天際真人。

氣收自覺怒平，神斂自覺言簡，容人自覺味和，守靜自覺天寧。

處事不可不斬截，存心不可不寬舒，待己不可不嚴明，與人不可不和氣。

居不必無惡鄰，會不必無損友，惟在自持者兩得之。

要知自家是君子小人，只於五更頭檢點，思想的是什麼便見得。

以理聽言，則中有主；以道窒欲，則心自清。

先淡後濃，先疏後親，先遠後近，交友道也。

苦惱世上，意氣須溫；嗜欲場中，肝腸欲冷。

形骸非親，何況形骸外之長物；大地亦幻，何況大地內之微塵。

人當溷擾，則心中之境界何堪；人遇清寧，則眼前之氣象自別。

寂而常惺，寂寂之境不擾；惺而常寂，惺惺之念不馳。

童子智少，愈少而愈完；成人智多，愈多而愈散。

無事便思有閒雜念頭否，有事便思有粗浮意氣否；得意便思有驕矜辭色否，失意便思有怨望情懷否。時時檢點得到，從多入少。從有入無，才是學問的真消息。

筆之用以月計，墨之用以歲計，硯之用以世計。筆最銳，墨次之，硯鈍者也。豈非鈍者壽，而銳者夭耶？筆最動，墨次之，硯靜者也。豈非靜者壽而動者夭乎？於是得養生焉。以鈍為體，以靜為用，唯其然是以能永年。

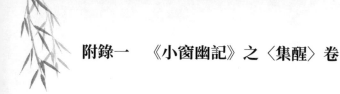

貧賤之人，一無所有，及臨命終時，脫一厭字；富貴之人，無所不有，及臨命終時，帶一戀字。脫一厭字，如釋重負；帶一戀字，如擔枷鎖。

透得名利關，方是小休歇；透得生死關，方是大休歇。

人欲求道，須於功名上鬧一鬧方心死，此是真實語。

病至，然後知無病之快；事來，然後知無事之樂。故禦病不如卻病，完事不如省事。

諱貧者，死於貧，勝心使之也；諱病者，死於病，畏心蔽之也；諱愚者，死於愚，痴心覆之也。

古之人，如陳玉石於市肆，瑕瑜不掩；今之人，如貨古玩于時賈，真偽難知。

士大夫損德處，多由立名心太急。

多躁者，必無沉潛之識；多畏者，必無卓越之見；多欲者，必無慷慨之節；多言者，必無篤實之心；多勇者，必無文學之雅。

剖去胸中荊棘以以便人我往來，是天下第一快活世界。

古來大聖大賢，寸針相對；世上閒語，一筆勾銷。

揮灑以怡情，與其應酬，何如兀坐；書禮以達情，與其工巧，何若直陳；棋局以適情，與其競勝，何若促膝；笑談以怡情，與其謔浪，何若狂歌。

拙之一字，免了無千罪過；閒之一字，討了無萬便宜。

斑竹半簾，惟我道心清似水；黃粱一夢，任他世事冷如冰。欲住世出世，須知機息機。

書畫為柔翰，故開卷張冊，貴于從容；文酒為歡場，故對酒論文，忌於寂寞。

榮利造化，特以戲人，一毫著，意便屬桎梏。

士人不當以世事分讀書，當以讀書通世事。

天下之事，利害常相半；有全利，而無小害者，惟書。

意在筆先，向庖羲細參易畫，慧生牙後，恍顏氏冷坐書齋。

明識紅樓為無塚之邱壠，迷來認作舍生岩；真知舞衣為暗動之兵戈，快去暫同試劍石。

調性之法，須當似養花天；居才之法，切莫如妒花雨。

事忌脫空，人怕落套。

煙雲堆裡，浪蕩子逐日稱仙；歌舞叢中，淫欲身幾時得度。

山窮鳥道，縱藏花穀少流鶯，路曲羊腸，雖覆柳蔭難放馬。

能于熱地思冷，則一世不受淒涼；能於淡處求濃，則終身不落枯槁。

會心之語，當以不解解之；無稽之言，是在不聽聽耳。

佳思忽來，書能下酒；俠情一往，雲可贈人。

藹然可親，乃自溢之沖和，妝不出溫柔軟款；翹然難下，乃生成之倨傲，假不得遜順從容。

風流得意，則才鬼獨勝頑仙；孽債為煩，則芳魂毒於虐祟。

極難處是書生落魄，最可憐是浪子白頭。

世路如冥，青天障蚩尤之霧；人情如夢，白日蔽巫女之雲。

密交，定有夙緣，非以雞犬盟也；中斷，知其緣盡，甯關葽菲間之。

堤防不築，尚難支移壑之虞；操存不嚴，豈能塞橫流之性。

發端無緒，歸結還自支離；入門一差，進步終成恍惚。

打渾隨時之妙法，休嫌終日昏昏；精明當事之禍機，卻恨一生了了。

藏不得是拙，露不得是醜。

形同雋石，致勝冷雲，決非凡士；語學嬌鶯，態摹媚柳，定是弄臣。

211

開口輒生雌黃月旦之言，吾恐微言將絕，捉筆便驚繽紛綺麗之飾，當是妙處不傳。

風波肆險，以虛舟震撼，浪靜風恬；矛盾相殘，以柔指解分，兵銷戈倒。

豪傑向簡淡中求，神仙從忠孝上起。

人不得道，生死老病四字關，誰能透過；獨美人名將，老病之狀，尤為可憐。

日月如驚丸，可謂浮生矣，惟靜臥是小延年；人事如飛塵，可謂勞攘矣，惟靜坐是小自在。

平生不作皺眉事，天下應無切齒人。

闇室之一燈，苦海之三老；截疑網之寶劍，抉盲眼之金針。

攻取之情化，魚鳥亦來相親；悖戾之氣銷，世途不見可畏。

吉人安祥，即夢寐神魂，無非和氣；凶人狠戾，即聲音笑語，渾是殺機。

天下無難處之事，只要兩個如之何；天下無難處之人，只要三個必自反。

能脫俗便是奇，不合汙便是清。

處巧若拙，處明若晦，處動若靜。

參玄藉以見性，談道藉以修真。

世人皆醒時作濁事，安得睡時有清身；若欲睡時得清身，須于醒時有清意。

好讀書非求身後之名，但異見異聞，心之所願。是以孜孜搜討，欲罷不能，豈為聲名勞七尺也。

一間屋，六尺地，雖沒莊嚴，卻也精緻；蒲作團，衣作被，日裡可

坐，夜間可睡；燈一盞，香一炷，石磬數聲，木魚幾擊；龕常關，門常閉，好人放來，惡人迴避；髮不除，葷不忌，道人心腸，儒者服制；不貪名，不圖利，了清靜緣，作解脫計；無掛礙，無拘系，閒便入來，忙便出去；省閒非，省閒氣，也不游方，也不避世；在家出家，在世出世，佛何人，佛何處？此即上乘，此即三昧。日複日，歲複歲，畢我這生，任他後裔。

草色花香，遊人賞其真趣；桃開梅謝，達士悟其無常。

招客留賓，為歡可喜，未斷塵世之扳援；澆花種樹，嗜好雖清，亦是道人之魔障。

人常想病時，則塵心便減；人常想死時，則道念自生。

人道場而隨喜，則修行之念勃興；登邱墓而徘徊，則名利之心頓盡。

鑠金玷玉，從來不乏乎讒人；洗垢索瘢，尤好求多於佳士。止作秋風過耳，何妨尺霧障天。

真放肆不在飲酒高歌，假矜持偏於大庭賣弄；看明世事透，自然不重功名；認得當下真，是以常尋樂地。

富貴功名、榮枯得喪，人間驚見白頭；風花雪月、詩酒琴書，世外喜逢青眼。

欲不除，似蛾撲燈，焚身乃止；貪無了，如猩嗜酒，鞭血方休。

涉江湖者，然後知波濤之洶湧；登山嶽者，然後知蹊徑之崎嶇。

人生待足，何時足；未老得閒，始是閒。

談空反被空迷，耽靜多為靜縛。

舊無陶令酒巾，新撇張顛書草；何妨與世昏昏，只問君心了了。

以書史為園林，以歌詠為鼓吹，以理義為膏粱，以著述為文繡，以誦讀為災佘，以記問為居積，以前言往行為師友，以忠信篤敬為修持，以作

善降祥為因果，以樂天知命為西方。

雲煙影裡見真身，始悟形骸為桎梏；禽鳥聲中聞自性，方知情識是戈矛。

事理因人言而悟者，有悟還有迷，總不如自悟之了了；意興從外境而得者，有得還有失，總不如自得之休休。

白日欺人，難逃清夜之愧赧；紅顏失志，空遺皓首之悲傷。

定雲止水中，有鳶飛魚躍的景象；風狂雨驟處，有波恬浪靜的風光。

平地坦途，車豈無蹶；巨浪洪濤，舟亦可渡；料無事必有事，恐有事必無事。

富貴之家，常有窮親戚來往，便是忠厚。

朝市山林俱有事，今人忙處古人閒。

人生有書可讀，有暇得讀，有資能讀，又涵養之，如不識字人，是謂善讀書者。享世間清福，未有過於此也。

世上人事無窮，越幹越見不了，我輩光陰有限，越閒越見清高。

兩刃相迎俱傷，兩強相敵俱敗。

我不害人，人不我害；人之害我，由我害人。

商賈不可與言義，彼溺於利；農工不可與言學，彼偏於業；俗儒不可與言道，彼謬於詞。

博覽廣識見，寡交少是非。

明霞可愛，瞬眼而輒空；流水堪聽，過耳而不戀。人能以明霞視美色，則業障自輕；人能以流水聽弦歌，則性靈何害。

休怨我不如人，不如我者常眾；休誇我能勝人，勝如我者更多。

人心好勝，我以勝應必敗；人情好謙，我以謙處反勝。

人言天不禁人富貴，而禁人清閒，人自不閒耳。若能隨遇而安，不圖

將來，不追既往，不蔽目前，何不清閒之有。

暗室貞邪誰見，忽而萬口喧傳；自心善惡炯然，凜于四王考校。

寒山詩云：「有人來罵我，分明了了知，雖然不應對，卻是得便宜。」此言宜深玩味。

恩愛吾之仇也，富貴身之累也。

馮歡之鋏彈老無魚；荊軻之築擊來有淚。

以患難心居安樂，以貧賤心居富貴，則無往不泰矣；以淵谷視康莊，以疾病視強健，則無往不安矣。

有譽於前，不若無毀於後；有樂於身，不若無憂於心。

富時不儉貧時悔，潛時不學用時悔，醉後狂言醒時悔，安不將息病時悔。

寒灰內，半星之活火；濁流中，一線之清泉。

攻玉於石，石盡而玉出；淘金於沙，沙盡而金露。

乍交不可傾倒，傾倒則交不終；久與不可隱匿，隱匿則心必險。

丹之所藏者赤，墨之所藏者黑。

懶可臥，不可風；靜可坐，不可思；悶可對，不可獨；勞可酒，不可食；醉可睡，不可淫。

書生薄命原同妾，丞相憐才不論官。

少年靈慧，知抱夙根；今生冥頑，可卜來世。

撥開世上塵氛，胸中自無火炎冰兢；消卻心中鄙吝，眼前時有月到風來。

塵緣割斷，煩惱從何處安身；世慮潛消，清虛向此中立腳。

市爭利，朝爭名，蓋棺日何物可殉篙裡；春賞花，秋賞月，荷鋪時此身常醉蓬萊。

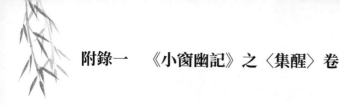

駟馬難追，吾欲三緘其口；隙駒易過，人當寸惜乎陰。

萬分廉潔，止是小善；一點貪汙，便為大惡。

炫奇之疾，醫以平易；英發之疾，醫以深沉；闊大之疾，醫以充實。

才舒放即當收斂，才言語便思簡默。

貧不足羞，可羞是貧而無志；賤不足惡，可惡是賤而無能；老不足嘆，可嘆是老而虛生；死不足悲，可悲是死而無補。

身要嚴重，意要閒定；色要溫雅，氣要和平；語要簡徐，心要光明；量要闊大，志要果毅；機要縝密，事要妥當。

富貴家宜學寬，聰明人宜學厚。

休委罪於氣化，一切責之人事；休過望於世間，一切求之我身。

世人白晝寐語，苟能寐中作白晝語，可謂常惺惺矣。

觀世態之極幻，則浮雲轉有常情；咀世味之皆空，則流水翻多濃旨。

大凡聰明之人，極是誤事。何以故，惟聰明生意見，意見一生，便不忍舍割。往往溺於愛河欲海者，皆極聰明之人。

是非不到釣魚處，榮辱常隨騎馬人。

名心未化，對妻孥亦自矜莊；隱衷釋然，即夢寐皆成清楚。

觀蘇季子以貧窮得志，則負郭二頃田，誤人實多；觀蘇季子以功名殺身，則武安六國印，害人亦不淺。

名利場中，難容伶俐；生死路上，正要糊塗。

一杯酒留萬世名，不如生前一杯酒，自身行樂耳，遑恤其他；百年人做千年調，至今誰是百年人，一棺戢身，萬事都已。

郊野非葬人之處，樓臺是為邱墓；邊塞非殺人之場，歌舞是為刀兵。試觀羅綺紛紛，何異旌旗密密；聽管弦冗冗，何異松柏蕭蕭。葬王侯之骨，能消幾處樓臺；落壯士之頭，經得幾番歌舞。達者統為一觀，愚人指為兩地。

　　節義傲青雲，文章高白雪。若不以德性陶鎔之，終為血氣之私，技能之末。

　　我有功於人，不可念，而過則不可不念；人有恩於我，不可忘，而怨則不可不忘。

　　徑路窄處，留一步與人行；滋味濃的，減三分讓人嗜。此是涉世一極安樂法。

　　己情不可縱，當用逆之法制之，其道在一忍字；人情不可拂，當用順之法調之，其道在一恕字。

　　昨日之非不可留，留之則根燼複萌，而塵情終累乎理趣；今日之是不可執，執之則渣滓未化，而理趣反轉為欲根。

　　文章不療山水癖，身心每被野雲羈。

附錄一　《小窗幽記》之〈集醒〉卷

附錄二
《呻吟語》之〈應務〉卷

　　《呻吟語》是隨得隨錄的隨筆式語錄體，行文靈活，文之長短，形隨意移；儒為根底，兼采眾慧，亦莊亦諧。寓言性、文學性、趣味性、哲理性強，極具可讀性。漫步其中，我們可以領略其真知灼見，啟迪靈感，調整心態，遨遊智慧的海洋。

　　作者呂坤，明萬曆二年進士，歷官右僉都御史，山西巡撫。後辭官回鄉，以著述、講學為務。《呻吟語》傾注了呂坤三十年心血。他在原序中稱：「呻吟，病聲也，呻吟語，病時疾痛語也。」、「三十年來，所志《呻吟語》凡若干卷，攜以自藥」、「擇其狂而未甚者存之。」全書於明萬曆癸巳（萬曆二十一年，西元 1593 年）才完成。

　　《呻吟語》全書共六卷，前三卷為內篇，後三卷為外篇，分為性命、存心、倫理、談道、修身、問學、應務、養生、天地、世運、聖賢、品藻、治道、人情、物理、廣喻、詞章等十七篇。涉獵廣泛。體悟性強。反映出他對社會、政治、世情的體驗，對真理的不懈求索。其中閃爍著哲理的火花和對當時衰落的政治、社會風氣的痛惡。表現出其權變、實用，融通諸家的思想。在這裡，我們限於篇幅，只是在其中擇〈應務〉卷與讀者共饗。

〈應務〉

　　閒暇時留心不成，倉促時措手不得。胡亂支吾，任其成敗，或悔或不悔，事過後依然如昨世之人。如此者，百人而百也。

　　凡事豫則立，此五字極當理會。

　　道眼在是非上見，情眼在愛憎上見，物眼無別白，渾沌而已。

　　實見得是時，便要斬釘截鐵，脫然爽潔，做成一件事，不可拖泥帶水，靠壁倚牆。

　　人定真足勝天。今人但委於天，而不知人事之未定耳。夫冬氣閉藏不能生物，而老圃能開冬花，結春實；物性蠢愚不解人事，而鳥師能使雀弈棋，蛙教書，況於能為之人事而可委之天乎？

　　責善要看其人何如，其人可責以善，又當自盡長善救失之道。無指摘其所忌，無盡數其所失，無對人，無峭直，無長言，無累言，犯此六戒，雖忠告，非善道矣。其不見聽，我亦且有過焉，何以責人？

　　余行年五十，悟得五不爭之味。人問之。曰：「不與居積人爭富，不與進取人爭貴，不與矜飾人爭名，不與簡傲人爭禮，不與盛氣人爭是非。」

　　眾人之所混同，賢者執之；賢者之所束縛，聖人融之。

　　做天下好事，既度德量力，又審勢擇人。專欲難成，眾怒難犯。此八字者，不獨妄動人宜慎，雖以至公無私之心，行正大光明之事，亦須調劑人情，發明事理，俾大家信從，然後動有成，事可久。盤庚遷殷，武王伐紂，三令五申猶恐弗從。蓋恒情多暗於遠識，小人不便於己私；群起而壞之，雖有良法，胡成胡久？自古皆然，故君子慎之。

　　辨學術，談治理，直須窮到至處，讓人不得，所謂宗廟朝廷便便言者。蓋道理，古今之道理，政事，國家之政事，務須求是乃已。我兩人皆

置之度外，非求伸我也，非求勝人也，何讓人之有？只是平心易氣，為辨家第一法。才聲高色厲，便是沒涵養。

五月繰絲，正為寒時用；八月績麻，正為暑時用；平日涵養，正為臨時用。若臨時不能駕御氣質、張主物欲，平日而日「我涵養」，吾不信也。夫涵養工夫豈為涵養時用哉？故馬麗而後求彎，不如操持之有常；輻拆而後為輪，不如約束之有素。

其備之也若迂，正為有時而用也。

膚淺之見，偏執之說，傍經據傳也近一種道理，究竟到精處都是浮說陂辭。所以知言必須胸中有一副極准秤尺，又須在堂上，而後人始從。不然，窮年聚訟，其誰主持耶？

纖芥眾人能見，置纖芥於百里外，非驪龍不能見，疑似賢人能辨，精義而至入神，非聖人不解辨。夫以聖人之辨語賢人，且滋其感，況眾人乎？是故微言不入世人之耳。

理直而出之以婉，善言也，善道也。

因之一字妙不可言。因利者無一錢之費，因害者無一力之勞，因情者無一念之拂，因言者無一語之爭。或曰：「不幾於徇乎？」曰：「此轉入而徇我者也。」或曰：「不幾於術乎？」曰：「此因勢而利導者也。」故惟聖人善用因，智者善用因。

處世常過厚無害，惟為公持法則不可。

天下之物紆徐柔和者多長，迫切躁急者多短。故烈風驟雨無崇朝之威，暴漲狂瀾無三日之勢，催拍促調非百板之聲，疾策緊銜非千里之彎。人生壽夭禍福無一不然，褊急者可以思矣。

干天下事無以期限自寬。事有不測，時有不給，常有餘於期限之內，有多少受用處！

將事而能弭，當事而能救，既事而能挽，此之謂達權，此之謂才；未事而知其來，始事而要其終，定事而知其變，此之謂長慮，此之謂識。

凡禍患，以安樂生，以憂勤免；以奢肆生，以謹約免；以觖望生，以知足免；以多事生，以慎動免。

任難任之事，要有力而無氣；處難處之人，要有知而無言。

撼大摧堅，要徐徐下手，久久見功，默默留意，攘臂極力，一犯手自家先敗。

昏暗難諭之識，優柔不斷之性，剛愎自是之心，皆不可與謀天下之事。智者一見即透，練者觸類而通，困者熟思而得。

三者之所長，謀事之資也，奈之何其自用也？

事必要其所終，慮必防其所至。若見眼前快意便了，此最無識，故事有當怒，而君子不怒；當喜，而君子不喜；當為，而君子不為，當已，而君子不已者，眾人知其一，君子知其他也。

柔而從人於惡，不若直而挽人於善；直而挽人於善，不若柔而挽人於善之為妙也。

激之以理法，則未至於惡也，而奮然為惡；愧之以情好，則本不徙義也，而奮然向義。此遊說者所當知也。

善處世者，要得人自然之情。得人自然之情，則何所不得？

失人自然之情，則何所不失？不惟帝王為然，雖二人同行，亦離此道不得。

察言觀色，度德量力，此八字處世處人一時少不得底。

人有言不能達意者，有其狀非其本心者，有其言貌誣其本心者。君子現人與其過察而誣人之心，寧過恕以逃人之情。

人情天下古今所同，聖人防其肆，特為之立中以的之。故立法不可太

極，制禮不可太嚴，責人不可太盡，然後可以同歸於道。不然，是驅之使畔也。

天下之事，有速而迫之者，有遲而耐之者，有勇而劫之者，有柔而折之者，有憤而激之者，有喻而悟之者，有獎而歆之者，有甚而談之者，有順而緩之者，有積誠而感之者，要在相機。因時舛施，未有不敗者也。

論眼前事，就要說眼前處置，無追既往，無道遠圖，此等語雖精，無裨見在也。

我益智，人益愚；我益巧，人益拙。何者？相去之遠而相責之深也。惟有道者，智能諒人之愚，巧能容人之拙，知分量不相及，而人各有能不能也。

天下之事，只定了便無事。物無定主而爭，言無定見而爭，事無定體而爭。

至人無好惡，聖人公好惡，眾人隨好惡，小人作好惡。

僕隸下人昏愚者多，而理會人意，動必有合，又千萬人不一二也。後上者往往以我責之，不合則艴然怒，甚者繼以鞭笞，則被愈惶惑而錯亂愈甚。是我之過大於彼也，彼不明而我當明也，彼無能事上而我無量容下也，彼無心之失而我有心之惡也。

若忍性平氣，指使而面命之，是兩益也。彼我無苦而事有濟，不亦可乎？《詩》曰：「匪怒伊教。」《書》曰：「無忿疾於頑。」此學者涵養氣質第一要務也。

或問：「士大夫交際禮與？」曰：「禮也。古者，睦鄰國有享禮，有私覿，士大夫相見各有所贄，鄉黨亦然，婦人亦然，何可廢也？」曰：「近者嚴禁之，何也？」曰：「非禁交際，禁以交際行賄賂者也。夫無緣而交，無處而饋，其饋也過情，謂之賄可也。

豈惟嚴禁，即不禁，君子不受焉。乃若宿在交，知情猶骨肉，數年不見，一飯不相留，人情乎？數千里來，一揖而告別，人情乎？則彼有饋遺，我有贈送，皆天理人情之不可已者也。士君子立身行己自有法度，絕人逃世，情所不安。余謂秉大政者貴持平，不貴一切。持平則有節，一切則愈潰，何者？勢不能也。」

古人愛人之意多，今日惡人之意多。愛人，故人易於改過；而視我也常親，我之教常易行；惡人，故人甘於自棄，而視我也常仇，我之言益不入。

觀一葉而知樹之死生，觀一面而知人之病否，現一言而知識之是非，現一事而知心之邪正。

論理要精詳，論事要剴切，論人須帶二三分渾厚。若切中人情，人必難堪。故君子不盡人之情，不盡人之過，非直遠禍，亦以留人掩飾之路，觸人悔悟之機，養人體面之餘，亦天地涵蓄之氣也。

「父母在難，盜能為我救之，感乎？」曰：「此不世之恩也，何可以弗感？」「設當用人之權，此人求用，可薦之乎？」曰：「何可薦也？天命有德，帝王之公典也，我何敢以私恩奸之？」「設當理刑之職，此人在獄，可縱之乎？」曰：「何可縱也？天討有罪，天下之公法也，我何敢以私恩弒之？」曰：「何以報之？」曰：「用吾身時，為之死可也；用吾家時，為之破可也。其他患難與之共可也。」

凡有橫逆來侵，先思所以取之之故，即思所以處之之法，不可便動氣。兩個動氣，一對小人一般受禍。

喜奉承是個愚障。彼之甘言、卑辭、隆禮、過情，冀得其所欲，而免其可罪也，而我喜之，感之，遂其不當得之欲，而免其不可已之罪。以自蹈於廢公黨惡之大咎；以自犯於難事易悅之小人。是奉承人者智巧，而喜

奉承者愚也。乃以為相沿舊規,責望於賢者,遂以不奉承恨之,甚者羅織而害之,其獲罪國法聖訓深矣。此居要路者之大戒也。雖然,奉承人者未嘗不愚也。使其所奉承而小人也,則可果;君子也,彼未嘗不以此觀人品也。

疑心最害事。二則疑,不二則不疑。然則聖人無疑乎?曰,「聖人只認得一個理,因理以思,順理以行,何疑之有?賢人有疑惑於理也,眾人多疑惑於情也。」或曰:「不疑而為人所欺奈何?」曰:「學到不疑時自然能先覺。況不疑之學,至誠之學也,狡偽亦不忍欺矣。」

以時勢低昂理者,眾人也;以理低昂時勢者,賢人也;推理是視,無所低昂者,聖人也。

貧賤以傲為德,富貴以謙為德,皆賢人之見耳。聖人只看理當何如,富貴貧賤除外算。

成心者,見成之心也。聖人胸中洞然清虛,無個見成念頭,故曰絕四。今人應事宰物都是成心,縱使聰明照得破,畢竟是意見障。

凡聽言,先要知言者人品,又要知言者意向,又要知言者識見,又要知言者氣質,則聽不爽矣。

不須犯一口說,不須著一意念,只憑真真誠誠行將去,久則自有不言之信,默成之孚,薰之善良,遍為爾德者矣。鹼蓬生於鹼地,燃之可鹼;鹽蓬生於鹽地,燃之可鹽。

世人相與,非面上則口中也。人之心固不能掩於面與口,而不可測者則不盡於面與口也。故惟人心最可畏,人心最不可知。此天下之陷阱,而古今生死之衢也。余有一拙法,推之以至誠,施之以至厚,持之以至慎,遠是非,讓利名,處後下,則夷狄鳥獸可骨肉而腹心矣。將令深者且傾心,險者且化德,而何陷阱之予及哉?不然,必予道之未盡也。

　　處世只一恕字，可謂以己及人，視人猶己矣。然有不足以盡者。天下之事，有己所不欲而人欲者，有己所欲而人不欲者。

　　這裡還須理會，有無限妙處。

　　寧開怨府，無開恩竇。怨府難充，而恩竇易擴也；怨府易閉，而恩竇難塞也。閉怨府為福，而塞恩竇為禍也。怨府一仁者能閉之，恩竇非仁、義、禮、智、信備不能塞也。仁者布大德，不干小譽；義者能果斷，不為姑息；禮者有等差節文，不一切以苦人情；智者有權宜運用，不張皇以駭聞聽；信者素孚人，舉措不生眾疑，缺一必無全計矣。

　　君子與小人共事必敗，君子與君子共事亦未必無敗，何者？

　　意見不同也。今有仁者、義者、禮者、智者、信者五人焉，而共一事，五相濟則事無不成，五有主，則事無不敗。仁者欲寬，義者欲嚴，智者欲巧，信者欲實，禮者欲文，事胡以成？此無他，自是之心勝，而相持之勢均也。歷觀往事，每有以意見相爭至亡人國家，釀成禍變而不顧。君子之罪大矣哉！然則何如？

　　曰：勢不可均。勢均則不相下，勢均則無忌憚而行其胸臆。三軍之事，卒伍獻計，偏裨謀事，主將斷一，何意見之敢爭？然則善天下之事，亦在乎通者當權而已。

　　萬弊都有個由來，只救枝葉成得甚事？

　　與小人處，一分計較不得，須要放寬一步。

　　處天下事，只消得安詳二字。雖兵貴神速，也須從此二字做出。然安詳非遲緩之謂也，從容詳審養奮發於凝定之中耳。

　　是故不閒則不忙，不逸則不勞。若先怠緩，則後必急躁，是事之殃也。十行九悔，豈得謂之安詳？

　　果決人似忙，心中常有餘閒；因循人似閒，心中常有餘累。

君子應事接物，常贏得心中有從容閒暇時便好。若應酬時勞擾，不應酬時牽掛，極是吃累的。

為善而偏於所向，亦是病。聖人之為善，度德量力，審勢順時，且如發棠不勸，非忍萬民之死也，時勢不可也。若認煞民窮可悲，而枉己徇人，便是欲矣。

分明不動聲色，濟之有餘，卻露許多痕跡，費許大張皇，最是拙工。

天下有兩可之事，非義精者不能擇。若到精處，畢竟只有一可耳。

聖人處事，有變易無方底，有執極不變底，有一事而所處不同底，有殊事而所處一致底，惟其可而已。自古聖人，適當其可者，堯、舜、禹、文、周、孔數聖人而已。當可而又無跡，此之謂至聖。

聖人處事，如日月之四照，隨物為影；如水之四流，隨地成形，己不與也。

使氣最害事，使心最害理，君子臨事平心易氣。

昧者知其一。不知其二，見其所見而不見其所不見，故於事鮮克有濟。惟智者能柔能剛，能圓能方，能存能亡，能顯能藏，舉世懼且疑，而彼確然為之，卒如所料者，見先定也。

字到不擇筆處，文到不修句處，話到不檢口處，事到不苦心處，皆謂之自得。自得者與天遇。

無用之樸，君子不貴。雖不事機械變詐，至於德慧術知，亦不可無。

神清人無忽語，機活人無痴事。

非謀之難，而斷之難也。謀者盡事物之理，達時勢之宜，意見所到不思其不精也，然眾精集而兩可，斷斯難矣。故謀者較尺寸，斷者較毫釐；謀者見一方至盡，斷者會八方取中。故賢者皆可與謀，而斷非聖人不能也。

人情不便處，便要迴避。彼雖難於言；而心厭苦之，此慧者之所必覺也。是以君子體悉人情。悉者，委曲周至之謂也。

恤其私、濟其願、成其名、泯其跡，體悉之至也，感人淪於心骨矣。故察言觀色者，學之粗也；達情會意者，學之精也。

天下事只怕認不真，故依違觀望，看人言為行止。認得真時，則有不敢從之君親，更那管一國非之，天下非之。若作事先怕人議論，做到中間一被謗誹，消然中止，這不止無定力，且是無定見。民各有心，豈得人人識見與我相同；民心至愚，豈得人人意思與我相信。是以作事君子要見事後功業，休恤事前議論，事成後眾論自息。即萬一不成，而我所為者，合下便是當為也，論不得成敗。

審勢量力，固智者事，然理所當為，而值可為之地，聖人必做一番，計不得成敗。如圍成不克，何損於舉動，竟是成當墮耳。孔子為政於衛，定要下手正名，便正不來，去衛也得。

只事這個，事定姑息不過。今人做事只計成敗，都是利害心害了是非之公。

或問：「慮以下人，是應得下他不？」曰：「若應得下他，如子弟之下父兄，這何足道？然亦不是卑諂而徇人以非禮之恭，只是無分毫上人之心，把上一著，前一步，盡著別人占，天地間惟有下面底最寬，後面底最長。」

士君子在朝則論政，在野則論俗，在廟則論祭禮，在喪則論喪禮，在邊國則論戰守，非其地也，謂之羨談。

處天下事，前面常長出一分，此之謂豫；後面常餘出一分，此之謂裕。如此則事無不濟，而心有餘樂。若扣殺分數做去，必有後悔處。人亦然，施在我有餘之恩，則可以廣德，留在人不盡之情，則可以全好。

非首任，非獨任，不可為禍福先。福始禍端，皆危道也。

士君子當大事時，先人而任，當知慎果二字；從人而行，當知明哲二字。明哲非避難也，無裨於事而只自沒耳。

養態，士大夫之陋習也。古之君子養德，德成而見諸外者有德容。見可怒，則有剛正之德容；見可行，則有果毅之德容。

當言，則終日不虛口，不害其為默；當刑，則不宥小故，不害其為量。今之人，士大夫以寬厚渾涵為盛德，以任事敢言為性氣，銷磨憂國濟時者之志，使之就文法，走俗狀，而一無所展布。

嗟夫！治平之世宜爾，萬一多故，不知張眉吐膽、奮身前步者誰也？此前代之覆轍也。

處事先求大體，居官先厚民風。

臨義莫計利害，論人莫計成敗。

一人覆屋以瓦，一人覆屋以茅，謂覆瓦者曰：「子之費十倍予，然而蔽風雨一也。」覆瓦者曰：「茅十年腐，而瓦百年不碎，子百年十更，而多以工力之費、屢變之勞也。」嗟夫！天下之患莫大於有堅久之費，貽屢變之勞，是之謂工無用，害有益。天下之思，亦莫大於狃朝夕之近，忘久遠之安，是之謂欲速成見小利。是故樸素渾堅，聖人制物利用之道也。彼好文者，惟樸素之恥而靡麗，夫易敗之物，不智甚矣。或曰：「靡麗其渾堅者可乎？」曰：「既渾堅矣，靡麗奚為？苟以靡麗之費而為渾堅之資，豈不尤渾堅哉？是故君子作有益，則輕千金；作無益，則惜一介。假令無一介之費，君子亦不作無益，何也？不敢以耳目之玩，啟天下民窮財盡之禍也。」

遇事不妨詳問、廣問，但不可有偏主心。

輕言驟發，聽言之大戒也。

君子處事主之以鎮靜有主之心，運之以圓活不拘之用，養之以從容敦大之度，循之以推行有漸之序，待之以序盡必至之效，又未嘗有心勤效遠之悔。今人臨事，才去安排，又不耐躊腸，草率含糊，與事拂亂，豈無幸成？竟不成個處事之道。

君子與人共事，當公人己而不私。苟事之成，不必功之出自我也；不幸而敗，不必咎之歸諸人也。

有當然、有自然、有偶然。君子盡其當然，聽其自然，而不感於偶然；小人泥於偶然，拂其自然，而棄其當然。噫！偶然不可得，並其當然者失之，可哀也。

不為外撼，不以物移，而後可以任天下之大事。彼悅之則悅，怒之則怒，淺衷狹量，粗心浮氣，婦人孺子能笑之，而欲有所樹立，難矣。何也？其所以待用者無具也。

明白簡易，此四字可行之終身。役心機，擾事端，是自投劇網也。

水之流行也，礙於剛，則求通於柔；智者之於事也，礙於此，則求通於被。執礙以求通，則愚之甚也，徒勞而事不濟。

計天下大事，只在緊要處一著留心用力，別個都顧不得。

譬之弈棋，只在輸贏上留心，一馬一卒之失渾不放在心下，若觀者以此預計其高低，奕者以此預亂其心目，便不濟事。況善籌者以與為取，以喪為得；善奕者餌之使吞，誘之使進，此豈尋常識見所能策哉？乃見其小失而遽沮撓之，擯斥之，英雄豪傑可為竊笑矣，可為慟惋矣。

夫勢，智者之所藉以成功，愚者之所逆以取敗者也。夫勢之盛也，天地聖人不能裁，勢之衰也，天地聖人不能振，亦因之而已。因之中寓處之權，此善用勢者也，乃所以裁之振之也。

士君子抱經世之具，必先知五用。五用之道未將，而漫嘗試之，此小

丈夫技癢、童心之所為也，事必不濟。是故貴擇人。

　　不擇可與共事之人，則不既厥心，不堪其任。或以虛文相欺，或以意見相傾，譬以玉杯付小兒，而奔走於崎嶇之峰也。是故貴達時。時者，成事之期也。機有可乘，會有可際，不先不後，則其道易行。不達於時。譬投種於堅凍之候也。是故貴審勢。

　　者，成事之藉也。登高而招，順風而呼，不勞不費，而其易就。不審於勢，譬行舟於平陸之地也。是故貴慎發。左盼望，長慮卻顧，實見得利矣，又思其害，實見得成矣，又慮其敗，萬無可虞則執極而不變。不慎所發，譬夜射儀的也。是故貴宜物。夫事有當蹈常襲故者，有當改弦易轍者，有當興廢舉墜者，有當救偏補救者，有以小棄大而卒以成其大者，有理屈於勢而不害其為理者，有當三令五申者，有當不動聲色者。不宜於物，譬苗莠兼存，而玉石俱焚也。溠夫！非有其具之難，而用其具者之難也。

　　腐儒之迂說，曲士之拘談，俗子之庸識，躁人之淺覓，譎者之異言，愉夫之邪語，皆事之成也，謀斷家之所忌也。

　　智者之於事，有言之而不行者，有所言非所行者，有先言而後行者，有先行而後言者，有行之既成而始終不言其故者，要亦為國家深遠之慮，而求以必濟而已。

　　善用力者就力，善用勢者就勢，善用智者就智，善用財者就財，夫是之謂乘。乘者，知幾之謂也。失其所乘，則倍勞而力不就，得其所乘，則與物無忤，於我無困，而天下享其利。

　　凡酌量天下大事，全要個融通周密，憂深慮遠。營室者之正方面也，遠視近視，日有近視正而遠視不正者；較長較短，日有准於短而不准於長者；應上應下，日有合於上而不合於下者；顧左顧右，日有協於左而不協

於右者。既而遠近長短上下左右之皆宜也,然後執繩墨、運木石、鳩器用以定萬世不拔之基。今之處天下事者,粗心浮氣,淺見薄識,得其一方而固執以求勝。以此圖久大之業,為治安之計,難矣。

字經三書,未可遽真也;言傳三口,未可遽信也。

巧者,氣化之賊也,萬物之禍也,心術之蠹也,財用之災也,君子不貴焉。

君子之處事有真見矣,不遽行也,又驗眾見,察眾情,協諸理而協,協諸眾情、眾見而協,則斷以必行;果理當然,而眾情、眾見之不協也,又委曲以行吾理。既不貶理,又不駭人,此之謂理術。噫!惟聖人者能之,獵較之類是也。

干天下大事非氣不濟。然氣欲藏,不欲露;欲抑,不欲揚。

掀天揭地事業不動聲色,不驚耳目,做得停停妥妥,此為第一妙手,便是入神。譬之天地當春夏之時,發育萬物,何等盛大流行之氣!然視之不見,聽之不聞,豈無風雨雷霆,亦只時發間出,不顯匠作萬物之跡,這才是化工。

疏於料事,而拙於謀身,明哲者之所懼也。

實處著腳,穩處下手。

姑息依戀,是處人大病痛,當義處,雖處骨肉亦要果斷;鹵莽徑宜,是處事大病痛,當緊要處,雖細微亦要檢點。

正直之人能任天下之事。其才、其守小事自可見。若說小事且放過,大事到手才見擔當,這便是飾說,到大事定然也放過了。松柏生,小便直,未有始曲而終直者也。若用權變時另有較量,又是一副當說話。

無損損,無益益,無通通,無塞塞,此調天地之道,理人物之宜也。然人君自奉無嫌於損損,於百姓無嫌於益益;君子擴理路無嫌於通通,杜

欲寶無嫌於塞塞。

　　事物之理有定，而人情意見千歧萬徑，吾得其定者而行之，即形跡可疑，心事難白，亦付之無可奈何。若惴惴畏譏，瑣瑣自明，豈能家置一喙哉？且人不我信，辯之何益？人若我信，何事於辯？若事有關涉，則不當以緘默妨大計。

　　處人、處己、處事都要有餘，無餘便無救性，此裡甚難言。

　　悔前莫如慎始，悔後莫如改圖，徒悔無益也。

　　居鄉而囿於數十里之見，硜硜然守之也，百攻不破，及游大都，見千里之事，茫然自失矣。居今而囿於千萬人之見，硜硜然守之也，百攻不破，及觀墳典，見千萬年之事，茫然自失矣。是故囿見不可狃，狃則狹，狹則不足以善天下之事。

　　事出於意外，雖智者亦窮，不可以苛責也。

　　天下之禍多隱成而卒至，或偶激而遂成。隱成者貴預防，偶激者貴堅忍。

　　當事有四要：際畔要果決，怕是綿；執持要堅耐，怕是脆；機括要深沉，怕是淺；應變要機警，怕是遲。

　　君子動大事十利而無一害，其舉之也，必矣。然天下無十利之事，不得已而權其分數之多寡，利七而害三則吾全其利而防其害。又較其事勢之輕重，亦有九害而一利者為之，所利重而所害輕也，所利急而所害緩也，所利難得而所害可救也，所利久遠而所害一時也。此不可與淺見薄識者道。

　　當需莫厭久，久時與得時相鄰。若憤其久也，而決絕之，是不能忍於斯須，而甘棄前勞，坐失後得也。此從事者之大戒也。若看得事體審，便不必需，即需之久，亦當速去。

朝三暮四，用術者誠詐矣，人情之極致，有以朝三暮四為便者，有以朝四暮三為便者，要在當其所急。猿非愚，其中必有所當也。

天下之禍非偶然而成也，有輳合，有搏激，有積漸。輳合者，雜而不可解，在天為風雨雷電，在身為多過，在人為朋奸，在事為眾惡遭會，在病為風寒暑濕，合而成痺。搏激者，勇而不可禦，在天為迅雷大雹，在身為忿狠，在人為橫逆卒加，在事為驟感成凶，在病為中寒暴厥。積漸者，極重而不可反，在天為寒暑之序，在身為罪惡貫盈，在人為包藏待逞，在事為大敝極壞，在病為血氣衰羸、痰火蘊鬱，奄奄不可支。此三成者，理勢之自然，天地萬物皆不能外，禍福之來，恒必由之。故君子為善則籍眾美，而防錯履之多，奮志節而戒一朝之怒，體道以終身，孜孜不倦，而絕不可長之欲。

再之略，不如一之詳也；一之詳，不如再之詳也，再詳無後憂矣。

有徐，當事之妙道也。故萬無可慮之事備十一，難事備百一，大事備千一，不測之事備萬一。

在我有餘則足以當天下之感，以不足當感，未有不困者。

識有餘，理感而即透；才有餘，事感而即辦；力有餘，任感而即勝；氣有餘，變感而不震；身有餘，內外感而不病。

語之不從，爭之愈勃，名之乃驚。不語不爭，無所事名，忽忽冥冥，吾事已成，彼亦懵懵。昔人謂不動聲色而措天下於泰山，予以為動聲色則不能措天下於泰山矣。故曰默而成之，不言而信，存乎德行。

天下之事，在意外者常多。眾人見得眼前無事都放下心，明哲之士只在意外做工夫，故每萬全而無後憂。

不以外至者為榮辱，極有受用處，然須是裡面分數足始得。

今人見人敬慢，輒有喜慍，心皆外重者也。此迷不破，胸中冰炭一生。

有一介必吝者，有千金可輕者，而世之論取與動，曰所直幾何？此亂語耳。

才猶兵也，用之伐罪弔民，則為仁義之師；用之暴寡凌弱，則為劫奪之盜。是故君子非無才之患，患不善用才耳。故惟有德者能用才。

藏莫大之害，而以小利中其意；藏莫大之利，而以小害疑其心。此思者之所必墮，而智者之所獨覺也。

今人見前輩先達作事不自振拔，輒生嘆恨，不知渠當我時也會嘆恨人否？我當渠時能免後人嘆恨否？事不到手，責人盡易，待君到手時，事事努力不輕放過便好。只任曉曉責人，他日縱無可嘆恨，今日亦浮薄子也。

區區與人較是非，其量與所較之人相去幾何？

無識見底人，難與說話；偏識見底人，更難與說話。

兩君子無爭，相讓故也；一君子一小人無爭，有容故也。

爭者，兩小人也。有識者奈何自處於小人？即得之未必榮，而況無益於得以博小人之名，又小人而愚者。

方嚴是處人大病痛。聖賢處世離一溫厚不得，故曰泛愛眾，曰和而不同，曰和而不流，曰群而不黨，曰周而不比，曰愛人，曰慈祥，曰豈弟，曰樂只，曰親民，曰容眾，曰萬物一體，曰天下一家，中國一人。只恁踽踽涼涼冷落難親，便是世上一個礙物。即使持正守方，獨立不苟，亦非用世之才，只是一節狷介之士耳。

謀天下後世事最不可草草，當深思遠慮。眾人之識，天下所同也，淺昧而狃於目前，其次有眾人看得一半者，其次豪傑之士與練達之人得其大概者，其次精識之人有曠世獨得之見者，其次經綸措置、當時不動聲色，後世不能變易者，至此則精矣，盡矣，無以復加矣，此之謂大智，此之謂真才。若偶得之見，借聽之言，翹能自喜而攘臂直言天下事，此老成者之

所哀,而深沉者之所懼也。

而今只一個苟字支吾世界,萬事安得不廢弛?

天下事要乘勢待時,譬之決癰待其將潰,則病者不苦而癰自愈,若虺蝮毒人,雖即砭手斷臂,猶遲也。

飯休不嚼就咽,路休不看就走,人休不擇就交,話休不想就說,事休不思就做。

參苓歸芪本益人也,而與身無當,反以益病;親厚懇切本愛人也,而與人無當,反以速禍,故君子慎焉。

兩相磨蕩,有皆損無俱全,特大小久近耳。利刃終日斷割,必有缺折之時;砥石終日磨礱,亦有虧消之漸。故君子不欲敵人以自全也。

見前面之千里,不若見背後之一寸。故達現非難,而反觀為難;見見非難,而見不見為難;此舉世之所迷,而智者之獨覺也。

譽既汝歸,毀將安辭?利既汝歸,害將安辭?巧既汝歸,罪將安辭?

上士會意,故體人也以意,觀人也亦以意。意之感人也深於骨肉,怠之殺人也毒於斧鉞。鷗鳥知漁父之機,會意也,可以人而不如鷗乎?至於征色發聲而不觀察,則又在色斯舉矣之下。

士君子要任天下國家事,先把本身除外。所以說策名委質,言自策名之後身已非我有矣,況富貴乎?若營營於富貴身家,卻是社稷蒼生委質於我也,君之賊臣乎?天之僇民乎?

聖賢之量空闊,事到胸中如一葉之泛滄海。

聖賢處天下事,委曲紆徐,不輕徇一己之情,以違天下之欲,以破天下之防。是故道有不當直,事有不必果者,此類是也。

譬之行道然,循曲從遠順其成跡,而不敢以欲速適己之便者,勢不可也。若必欲簡捷直遂,則兩京程途正以繩墨,破城除邑,塞河夷山,終有

數百里之近矣，而人情事勢不可也。是以處事要遜以出之，而學者接物怕徑情直行。

熱鬧中空老了多少豪傑，閒淡滋味惟聖賢嘗得出，及當熱鬧時也只以這閒淡心應之。天下萬事萬物之理都是閒淡中求來，熱鬧處使用。是故，靜者，動之母。

胸中無一毫欠缺，身上無一點點染，便是羲皇以上人，即在夷狄患難中，何異玉燭春台上？

聖人掀天揭地事業只管做，只是不費力；除害去惡只管做，只是不動氣；蹈險投艱只管做，只是不動心。

聖賢用剛，只夠濟那一件事便了；用明，只夠得那件情便了；分外不剩分毫。所以作事無痕跡，甚渾厚，事既有成，而亦無議。

聖人只有一種才，千通萬貫隨事合宜，譬如富貴只積一種錢，貿易百貨都得。眾人之材如貨，輕縠雖美，不可禦寒；輕裘雖溫，不可當暑。又養才要有根本，則隨遇不窮；運才要有機括，故隨感不滯；持才要有涵蓄，故隨事不敗。

坐疑似之跡者，百口不能自辨；犯一見之真者，百口難奪其執。此世之通患也。聖[人]虛明通變吻合人情，如人之肝肺在其腹中，既無遁情，亦無誣執。故人有感泣者，有愧服者，有歡悅者。故曰惟聖人為能通天下之志，不能如聖人，先要個虛心。

聖人處小人不露形跡，中間自有得已，處高崖陡塹，直氣壯煩皆偏也，即不論取禍，近小丈夫矣。孟子見樂正子從王驩，何等深惡！及處王驩，與行而不與比，雖然，猶形跡矣。孔子處陽貨只是個給法，處向魋只是個躲法。

君子所得不問，故其所行亦異。有小人於此，仁者憐之，義者惡之，

禮者處之不失禮，智者處之不取禍，信者推誠以御之而不計利害，惟聖人處小人得當可之宜。

被發於鄉鄰之鬥，豈是惡念頭？但類於從井救人矣。聖賢不為善於性分之外。

仕途上只應酬無益人事，工夫占了八分，更有甚精力時候修正經職業？我嘗自喜行三種方便，甚於彼我有益：不面謁人，省其疲於應接；不輕寄書，省其困於裁答；不乞求人看顧，省其難於區處。

士君子終身應酬不止一事，全要將一個靜定心酌量緩急輕重為後先。若應輕輗輳情處紛雜事，都是一味熱忙，顛倒亂應，只此便不見存心定性之功，當事處物之法。

儒者先要個不俗，才不俗又怕乖俗。聖人只是和人一般，中間自有妙處。

處天下事，先把我字閣起，千軍萬馬中，先把人字閣起。

處毀譽，要有識有量。今之學者，盡有向上底，見世所譽而趨之，見世所毀而避之，只是識不定；聞譽我而喜，聞毀我而怒，只是量不廣。真善惡在我，毀譽於我無分毫相干。

某平生只欲開口見心，不解作吞吐語。或曰：「恐非其難其慎之義。」予戄然驚謝曰：「公言甚是。但其難其慎在未言之前，心中擇個是字才脫口，更不復疑，何吞吐之有？吞吐者，半明半暗，似於開成心三字礙。」

接人要和中有介，處事要精中有果，認理要正中有通。

天下之事常鼓舞不見罷勞，一衰歇便難振舉。是以君子提醒精神不令昏眩，役使筋骨不令怠惰，懼振舉之難也。

實官、實行、實心，無不孚人之理。

當大事，要心神定，心氣足。

世間無一處無拂意事，無一日無拂意事，椎度量寬弘有受用處，彼局量褊淺者空自懊恨耳。

聽言之道徐審為先，執不信之心與執必信之心，其失一也。

惟聖人能先覺，其次莫如徐審。

君子之處事也，要我就事，不令事就我；其長民也，要我就民，不令民就我。

上智不悔，詳於事先也；下愚不悔，迷於事後也。惟君子多悔。雖然，悔人事，不悔天命，悔我不悔人。我無可悔，則天也、人也，聽之矣。

某應酬時有一大病痛，每於事前疏忽，事後點檢，點檢後輒悔吝；閒時慵獺，忙時迫急，迫急後輒差錯。或曰：「此失先後著耳。」肯把點檢心放在事前，省得點檢，又省得悔吝。肯把急迫心放在閒時，省得差錯，又省得牽掛。大率我輩不是事累心，乃是心累心。一謹之不能，而謹無益之謹；一勤之不能，而勤無及之勤，於此心倍苦，而於事反不詳焉，昏懦甚矣！書此以自讓。

無謂人唯唯，遂以為是我也；無謂人默默，遂以為服我也，無謂人煦煦，遂以為愛我也；無謂人卑卑，遂以為恭我也。

事到手且莫急，便要緩緩想；想得時切莫緩，便要急急行。

我不能寧耐事，而令事如吾意，不則躁煩；我不能涵容人，而令人如吾意，不則譴怒。如是則終日無自在時矣，而事卒以債，人卒以怨，我卒以損，此謂至愚。

有由衷之言，有由口之言；有根心之色，有浮面之色。各不同也，應之者貴審。

富貴，家之災也；才能，身之殃也；聲名，謗之媒也；歡樂，悲之藉

也。故惟處順境為難。只是常有懼心，遲一步做，則免於禍。

語云一錯二誤最好理會。凡一錯者，必二誤，蓋錯必悔怍，悔怍則心凝於所悔，不暇他思，又錯一事。是以無心成一錯，有心成二誤也。禮節應對間最多此失。苟有錯處，更宜鎮定，不可忙亂，一忙亂則相因而錯者無窮矣。

衝繁地，頑鈍人，紛雜事，遲滯期，拂逆時，此中最好養火。若決裂憤激，悔不可言；耐得過時，有無限受用。

當繁迫事，使聾瞶人；值追逐時，騎瘦病馬；對昏殘燭，理爛亂絲，而能意念不躁，聲色不動，亦不後事者，其才器吾誠服之矣。

義所當為，力所能為，心欲有為，而親友挽得回，妻孥勸得止，只是無志。

妙處先定不得，口傳不得，臨事臨時，相幾度勢，或只須色意，或只須片言，或用疾雷，或用積陰，務在當可，不必彼覺，不必人驚，卻要善持善發，一錯便是死生關。

意主於愛，則詬罵撲擊皆所以親之也；意主於惡，則獎譽綢繆皆所以仇之也。

養定者，上交則恭而不迫，下交則泰而不忽，處親則愛而不狎，處疏則真而不厭。

有進用，有退用，有虛用，有實用，有緩用，有驟用，有默用，有不用之用，此八用者，宰事之權也。而要之歸於濟義，不義，雖濟，君子不貴也。

責人要含蓄，忌太盡；要委婉，忌太直；要疑似，忌太真。

今子弟受父兄之責也，尚有所不堪，而況他人乎？孔子曰：「忠告而善道之，不可則止。

此語不止全交，亦可養氣。

禍莫大於不仇人而有仇人之辭色，恥莫大於不恩人而詐恩人之狀態。

柔勝剛，訥止辯，讓愧爭，謙伏傲。是故退者得常倍，進者失常倍。

余少時曾泄當密之語，先君責之，對曰：「已戒聞者使勿泄矣。」先君曰：「子不能必子之口，而能必人之口乎？且戒人與戒己孰難？小子慎之。」

中孚，妙之至也。格天動物不在形跡言語。事為之末；苟無誠以孚之，諸皆糟粕耳，徒勤無益於義；鳥抱卵日孚，從爪從子，血氣潛人而子隨母化，豈在聲色？豈事造作？學者悟此，自不怨天尤人。

應萬變，索萬理，惟沉靜者得之。是故水止則能照，衡定則能稱。世亦有昏昏應酬而亦濟事，夢夢談道而亦有發明者，非資質高，則偶然合也，所不合者何限？

禍莫大於不體人之私而又苦之，仇莫深於不諱人之短而又訐之。

肯替別人想，是第一等學問。

不怕千日密，只愁一事疏。誠了再無疏處，小人掩著，徒勞爾心矣。譬之於物，一毫欠缺，久則自有欠缺承當時；譬之於身，一毫虛弱，久則自有虛弱承當時。

置其身於是非之外，而後可以折是非之中；置其身於利害之外，而後可以觀利害之變。

余觀察晉中，每升堂，首領官凡四人，先揖堂官，次分班對揖，將退，則余揖手，四人又一躬而行。一日，三人者以公出？

一人在堂，偶忘對班之無人，又忽揖下，起，愧不可言，群吏忍口而笑。余揖手謂之曰：「有事不妨先退。」揖者退，其色頓平。

昔余令大同日，縣丞到任，余讓筆揖手，丞他顧而失瞻，余面責簿吏

曰：「奈何不以禮告新官？」丞愧謝，終公宴不解容，餘甚悔之。偶此舉能掩人過，可補前失矣。因識之以充忠厚之端云。

善用人底，是個人都用得；不善用人底，是個人用不得。

以多惡棄人，而以小失發端，是藉棄者以口實而自取不韙之譏也。曾有一隸，怒撻人，余杖而恕之；又竊同舍錢，又杖而恕之。且戒之曰：，「汝慎，三犯不汝容矣。」一日在燕，醉而寢，余既行矣，而呼之不至，既至，托疾，實醉也。余逐之。出語人曰：「余病不能從，遂逐我。」人曰：「某公有德器，乃以疾逐人耶？」不知余惡之也，以積愆而逐之也，以小失則余之拙也。雖然，彼藉口以自白，可為他日更主之先容，余拙何悔？

手段不可太闊，太闊則填塞難完；頭緒不可太繁，太繁則照管不到。

得了真是非，才論公是非。而今是非不但捉風捕影，且無風無影，不知何處生來，妄聽者遽信是實以定是非。曰：我無私也。噫！固無私矣，〈采苓〉止棘、暴公〈巷伯〉，孰為辯之？

固可使之愧也，乃使之怨；固可使之悔也，乃使之怒；固可使之感也，乃使之恨。曉人當如是耶？

不要使人有過。

謙忍皆居尊之道，儉樸皆居富之道。故曰：卑不學恭，貧不學儉。

豪雄之氣雖正多粗，只用他一分，便足濟事，那九分都多了，反以僨事矣。

君子不受人不得已之情，不苦人不敢不從之事。

教人十六字：誘掖，獎勸，提撕，警覺，涵育；薰陶，鼓舞，興作。

水激逆流，火激橫發，人激亂作，君子慎其所以激者。愧之，則小人可使為君子，激之，則君子可使為小人。

事前忍易，正事忍難；正事悔易，事後悔難。

說盡有千說，是卻無兩是。故談道者必要諸一是而後精，謀事者必定於一是而後濟。

世間事各有恰好處，慎一分者得一分，忽一分者失一分，全慎全得，全忽全失。小事多忽：忽小則失大；易事多忽，忽易則失難。存心君子自得之體驗中耳。

到一處問一處風俗，果不大害，相與循之，無與相忤。果於義有妨，或不言而默默轉移，或婉言而徐徐感動，彼將不覺而同歸於我矣。若疾言厲色，是己非人，是激也，自家取禍不惜，可惜好事做不成。

事有可以義起者，不必泥守舊例；有可以獨斷者，不必觀望眾人。若舊例當，眾人是，莫非胸中道理而彼先得之者也，方喜舊例免吾勞，方喜眾見印吾是，何可別生意見以作聰明哉？

此繼人之後者之所當知也。

善用明者，用之於暗；善用密者，用之於疏。

你說底是我便從，我不是從你，我自從是，仍私之有？你說底不是我便不從，不是不從你，我自不從不是，何嫌之有？

日用酬酢，事事物物要合天理人情。所謂合者，如物之有底蓋然，方者不與圓者合，大者不與小者合，敧者不與正者合。

覆諸其上而不廣不狹，旁視其隙而若有若無。一物有一物之合，不相苦窳；萬物各有其合，不相假借。此之謂天則，此之謂大中，此之謂天下萬事萬物各得其所，而聖人之所以從容中，賢者之所以精一求，眾人之所以醉心夢意、錯行亂施者也。

事有不當為而為者，固不是；有不當悔而悔者，亦不是。

聖賢終始無二心，只是見得定了。做時原不錯，做後如何悔？

即有凶咎,亦是做時便大拚如此。

心實不然,而跡實然。人執其然之跡,我辨其不然之心,雖百口,不相信也。故君子不示人以可疑之跡,不自誣其難辨之心。何者?正大之心孚人有素,光明之行無所掩覆也。倘有疑我者,任之而已,曉曉何為?

大丈夫看得生死最輕,所以不肯死者,將以求死所也。死得其所,則為善用死矣。成仁取義,死之所也,雖死賢於生也。

將祭而齊其思慮之不齊者,不惟惡念,就是善念也是不該動的。這三日裡,時時刻刻只在那所祭者身上,更無別個想頭,故曰精白一心。才一毫雜便不是精白,才二便不是一心,故君子平日無邪夢,齊日無雜夢。

彰死友之過,此是第一不仁。生而告之也,望其能改,彼及聞之也,尚能自白,死而彰之,夫何為者?雖實過也,吾為掩之。

爭利起於人各有欲,爭言起於人各有見。惟君子以淡泊自處,以知能讓人,胸中有無限快活處。

吃這一箸飯,是何人種獲底?穿這一匹帛,是何人織染底?

大廈高堂,如何該我住居?安車駟馬,如何該我乘坐?獲飽暖之休,思作者之勞;享尊榮之樂,思供者之苦,此士大夫日夜不可忘情者也。不然,其負斯世斯民多矣。

只大公了,便是包涵天下氣象。

定、靜、安、慮、得,此五字時時有,事事有,離了此五字便是孟浪做。

公人易,公己難;公己易,公己於人難;公己於人易,忘人己之界而不知我之為誰難。公人處,人能公者也;公己處,己亦公者也。至於公己於人,則不以我為嫌時,當貴我富我。

泰然處之而不嫌於尊己事,當逸我利我。公然行之而不嫌於厲民,非

富貴我，逸利我也。我者，天下之我也。天下名分紀綱於我乎寄，則我者，名分紀綱之具也。何嫌之有？此之謂公己於人，雖然，猶未能忘其道，未化也。聖人處富貴逸利之地，而忘其身；為天下勞苦卑因，而亦忘其身。非曰我分當然也，非曰我志欲然也。譬痛者之必呻吟，樂者之必談笑，癢者之必爬搔，自然而已。譬蟬之鳴秋，雞之啼曉，草木之榮枯，自然而已。夫如是，雖負之使灰其心，怒之使薄其意，不能也；況此分不盡，而此心少怠乎？況人情未孚，而惟人是責乎？夫是之謂忘人己之界，而不知我之為誰。不知我之為誰，則亦不知人之為誰矣。不知人我之為誰，則六合混一，而太和元氣塞於天地之間矣。必如是而後謂之仁。

才下手便想到究竟處。

理、勢、數皆有自然。聖人不與自然鬥，先之不敢於之，從之不敢迎之，待之不敢奈之，養之不敢強之。功在凝精不攖其鋒，妙在默成不揭其名。夫是以理、勢、數皆為我用，而相忘於不爭。噫！非善濟天下之事者，不足以語此。

心一氣純，可以格天動物，天下無不成之務矣。

握其機使自息，開其竅使自嗽，發其萌使自崢，提其綱使自張，此老氏之術乎？曰：非也。二帝三王御世之大法不過是也。解其所不得不動，投其所不得不好，示其所不得不避。天下固有抵死而惟吾意指者，操之有要而戡毀其心故也。化工無他術，亦只是如此。

對憂人勿樂，對哭人勿笑，對失意人勿矜。

與禽獸奚擇哉？於禽獸又何難焉？此是孟子大排遣。初愛敬人時，就安排這念頭，再不生氣。余因擴充排遣橫逆之法，此外有十：一曰與小人處，進德之資也。彼侮愈甚，我忍愈堅，於我奚損哉？《詩》曰：「他山之石，可以攻玉。」二曰不遇小人，不足以驗我之量。《書》曰：「有容德

乃大。」三曰彼橫逆者至於自反，而忠猶不得免焉。其人之頑悖甚矣，一
與之校必起禍端。兵法云：「求而不得者，挑也無應。」四曰始愛敬矣，
又自反而仁禮矣，又自反而忠矣。我理益直，我過益寡。其卒也乃不忍
於一逞以掩舊善，而與彼分惡，智者不為。太史公曰：「無棄前修而崇新
過。」五曰是非之心，人皆有之。彼固自昧其天，而責我無已，公論自
明，吾亦付之不辯；古人云：「桃李不言，下自成蹊。」六曰自反無闕。
彼欲難盈，安心以待之，緘口以聽之，彼計必窮。

　　兵志曰：「不應不動，敵將自靜。」七曰可避則避之，如太王之去邠；
可下則下之，如韓信之跨下。古人云：「身愈詘，道愈尊。」

　　又曰：「終身讓畔，不失一段。」八曰付之天。天道有知，知我者其
天乎？《詩》曰：「投彼有昊。」九曰委之命。人生相與，或順或忤，或
合或離，或疏之而親，或厚之而疑，或偶遭而解，或久構而危。魯平公將
出而遇臧倉，司馬牛為弟子而有桓魋，豈非命耶？十曰外寧必有內憂。
小人侵陵則懼患、防危、長慮、卻顧，而不敢侈然。有肆心則百禍潛消。
孟子曰：「出則無敵國外患者，國恒亡。」三自反後，君子存心猶如此。
彼愛人不親禮，人不答而遽怒，與夫不愛人、不敬人而望人之愛敬己也，
其去。

　　橫逆能幾何哉？

　　過責望人，亡身之念也。君子相與，要兩有退心，不可兩有進心。自
反者，退心也。故剛兩進則碎，柔兩進則屈，萬福皆生於退反。

　　施者不知，受者不知，誠動於天之南，而心通於海之北，是謂神應；
我意才萌，彼意即覺，不俟出言，可以默會，是謂念應；我以目授之，彼
以目受之，人皆不知，商人獨覺，是謂不言之應；我固強之，彼固拂之，
陽異而陰同，是謂不應之應。

明乎此者，可以談兵矣。

卑幼有過，慎其所以責讓之者：對眾不責，愧悔不責，暮夜不則，正飲食不責，正歡慶不責，正悲憂不責，疾病不責。

舉世之議論有五：求之天理而順，即之人情而安，可按聖賢，可質神明，而不必於天下所同，日公論。情有所便，意有所拂，逞辯博以濟其一偏之說，日私論。心無私曲，氣甚豪雄，不察事之虛實、勢之難易、理之可否，執一隅之見，狃時俗之習，既不正大，又不精明，蠅哄蛙嗷，通國成一家之說，而不可與聖賢平正通達之識，日妄論。造偽投奸，瀵訾詭祕，為不根之言，播眾人之耳，千口成公，久傳成實，卒使夷由為躊跖，日誣論。稱人之善，胸無秤尺，惑於小廉曲謹，感其照意象恭，喜一激之義氣，悅一霎之道言，不觀大節，不較生平，不舉全體，不要永終，而遽許之，日無識之論。嗚呼！議論之難也久矣，聽之者可弗察與？

簡靜沉默之人發用出來不可當，故停蓄之水一絕不可御也，蟄處之物其毒不可當也，潛伏之獸一猛不可禁也。輕泄驟舉，暴雨疾風耳，智者不懼焉。

平居無事之時，則丈夫不可繩以婦人之守也，及其臨難守死，則當與貞女烈婦比節；接人處眾之際，則君子未嘗示人以廉隅之跡也，及其任道徒義，則當與壯士健卒爭勇。

禍之成也必有漸，其激也奮於積。智者於其漸也絕之，於其積也消之，甚則決之。決之必須妙手，譬之瘍然，鬱而內潰，不如外決；成而後決，不如早散。

涵養不定的，惡言到耳先思馭氣，氣平再沒錯的。一不平，饒你做得是，也帶著五分過失在。

疾言、遽色、厲聲、怒氣，原無用處。萬事萬物只以心平氣和處之，

自有妙應。余褊，每坐此失，書以自警。

　　嘗見一論人者云：「渠只把天下事認真做，安得不敗？」余聞之甚驚訝，竊意天下事盡認真做去，還做得不象，若只在假借面目上做工夫，成甚道理？天下事只認真做了。更有甚說？何事不成？方今大病痛，正患在不肯認真做，所以大綱常、正道理無人扶持，大可傷心。嗟夫！武子之愚，所謂認真也與？

　　人人因循昏忽，在醉夢中過了一生，壞廢了天下多少事！

　　惟憂勤惕勵之君子，常自惺惺爽覺。

　　明義理易，識時勢難；明義理腐儒可能，識時勢非通儒不能也。識時易，識勢難；識時見者可能，識勢非蚤見者不能也。

　　識勢而蚤圖之，自不至於極重，何時之足憂？

　　只有無跡而生疑，再無有意而能掩者，可不畏哉？

　　令人可畏，未有不惡之者，惡生毀；令人可親，未有不愛之者，愛生譽。

　　先事體怠神昏，事到手忙腳亂，事過心安意散，此事之賊也。兵家尤不利此。

　　善用力者，舉百鈞若一羽，善用眾者，操萬旅若一人。

　　沒這點真情，可惜了繁文侈費；有這點真情，何嫌於二籩一掬？

　　百代而下，百里而外，論人只是個耳邊紙上，並跡而誣之，那能論心？嗚呼！文士尚可輕論人乎哉？此天譴鬼責所繫，慎之！

　　或問：「怨尤之念，底是難克，奈何？」曰：「君自來怨尤，怨尤出甚的？天之水旱為虐不怕人怨，死自死耳，水旱自若也；人之貪殘無厭不怕你尤，恨自恨耳，貪殘自若也。此皆無可奈何者。今且不望君自修自責，只將這無可奈何事惱亂心腸，又添了許多痛苦，不若淡然安之，討些便

宜。」其人大笑而去。

見事易，任事難。當局者只怕不能實見得，果實見得，則死生以之，榮辱以之，更管甚一家非之，全國非之，天下非之。

人事者，事由人生也。清心省事，豈不在人？

閉戶於鄉鄰之鬥，雖有解紛之智，息爭之力，不為也，雖忍而不得謂之楊朱。忘家於懷襄之時，雖有室家之憂，骨肉之難，不顧也，雖勞而不得謂之墨翟。

流俗污世中真難做人，又跳脫不出，只是清而不激就好。

恩莫到無以加處：情薄易厚，愛重成隙。

欲為便為，空言何益？不為便不為，空言何益？

以至公之耳聽至私之口，舜、跖易名矣；以至公之心行至私之聞，黜陟易法矣。故兼聽則不蔽，精察則不眩，事可從容，不必急遽也。

某居官，厭無情者之多言，每裁抑之。蓋無厭之欲，非分之求，若以溫顏接之，彼懇乞無已，煩瑣不休，非嚴拒則一日之應酬幾何？及部署日看得人有不盡之情，抑不使通，亦未盡善。嘗題二語於私署云：「要說的盡著都說，我不嗔你；不該從未敢輕從，你休怪我。」或曰：「畢竟往日是。」

同途而遇，男避女，騎避步，輕避重，易避難，卑幼避尊長。

勢之所極，理之所截，聖人不得而毫髮也。故保辜以時刻分死生，名次以相鄰分得失。引繩之絕，墮瓦之碎，非必當斷當敝之處，君子不必如此區區也。

制禮法以垂萬世、繩天下者，須是時中之聖人斟酌天理人情之至而為之。一以立極，無一毫矯拂心，無一毫懲創心，無一毫一切心，嚴也而於人情不苦，寬也而於天則不亂，俾天下肯從而萬世相安。故曰：「禮之用，

和為貴。」和之一字，制禮法時合下便有，豈不為美？《儀禮》不知是何人製作，有近於迂闊者，有近於迫隘者，有近於矯拂者，大率是個嚴苛繁細之聖人所為，胸中又帶個懲創矯拂心，而一切之。後世以為周公也，遂相沿而守之，畢竟不便於人情者，成了個萬世虛車。是以繁密者激人躁心，而天下皆逃於闊大簡直之中；嚴峻者激人畔心，而天下皆逃於逍遙放恣之地。甚之者，乃所驅之也。此不可一二指。余讀《禮》，蓋心不安而口不敢道者，不啻百餘事也。而宋儒不察《禮》之情，又於節文上增一重鎖鑰，予小子何敢言？

禮無不報，不必開多事之端怨；無不酬，不可種難言之恨。

舟中失火，須思救法。

象箸夾冰丸，須要夾得起。

相嫌之敬慎，不若相忘之怒詈。

士君子之相與也，必求協諸禮義，將世俗計較一切脫盡。今世號為知禮者全不理會聖賢本意，只是節文習熟，事體諳練，燦然可觀，人便稱之，自家欣然自得，泰然責人。嗟夫！自繁文彌尚而先王之道湮沒，天下之苦相責，群相逐者，皆末世之靡文也。求之於道，十九不合，此之謂習尚。習尚壞人，如飲狂泉。

學者處事處人，先要識個禮義之中。正這個中正處，要析之無毫釐之差，處之無過不及之謬，便是聖人。

當急遽冗雜時，只不動火，則神有餘而不勞事，從容而就理。一動火，種種都不濟。

予平生處人處事，涙切之病廾居其九，一向在這裡克，只憑消磨不去。始知不美之質變化甚難，而況以無恒之志、不深之養，如何能變化得？若志定而養深，便是下愚也移得一半。

予平生做事發言，有一大病痛，只是個盡字，是以無涵蓄，不渾厚，為終身之大戒。

凡當事，無論是非邪正，都要從容蘊藉，若一不當意便忿恚而決裂之，此人終非遠器。

以淚而發者，必以無而廢，此不自涵養中來，算不得有根本底學者。涵養中人，遇當為之事，來得不徙，若懶若遲，持得甚堅，不移不歇。彼攘臂抵掌而任天下之事，難說不是義氣，畢竟到盡頭處不全美。

天地萬物之理皆始於從容，而卒於急促。急促者盡氣也，從容者初氣也。事從容則有餘味，人從容則有餘年。

凡人應酬多不經思，一向任情做去，所以動多有悔。若心頭有一分檢點，便有一分得處，智者之忽固不若愚者之詳也。

日日行不怕千萬裡，常常做不怕千萬事。

事見到無不可時便斬截做，不要留戀，兒女子之情不足以語辦大事者也。

斷之一事，原謂義所當行，卻念有牽纏，事有掣礙，不得脫然爽潔，才痛煞煞下一個斷字，如刀斬斧齊一般。總然只在大頭腦處成一個是字，第二義又都放下，況兒女情、利害念，那顧得他？若待你百可意、千稱心，一些好事做不成。

先眾人而為，後眾人而言。

在邪人前發正論，不問有心無心，此是不磨之恨。見貪者談廉道，已不堪聞；又說某官如何廉，益難堪；又說某官貪，愈益難堪；況又勸汝當廉，況又責汝如何貪，彼何以當之？或曰：「當如何？」曰：「位在，則進退在我，行法可也。位不在，而情意相關，密諷可也。若與我無干涉，則鉗口而已。」禮入門而問諱，此亦當諱者。

天下事最不可先必而豫道之，已定矣，臨時還有變更，況未定者乎？故寧有不知之名，無貽失言之悔。

舉世囂囂兢兢不得相安，只是抵死沒自家不是耳。若只把自家不是都認，再替別人認一分，便是清寧世界，兩忘言矣。

人人自責自盡，不直四海無爭，彌宇宙間皆太和之氣矣。

當處都要個自強不息之心，天下何事不得了？天下何人不能處？

規模先要個闊大，意思先要個安閒，古之人約己而豐人，故群下樂為之用，而所得常倍。徐思而審處，故己不勞而事極精詳。褊急二字，處世之大礙也。

凡人初動一念是如此，及做出來郤不是如此，事去回顧又覺不是如此，只是識見不定。聖賢才發一念，始終如一，即有思索，不過周詳此一念耳。蓋聖賢有得於豫養，故安閒；眾人取辦於臨時，故眩惑。

處人不可任己意，要悉人之情；處事不可任己見，要悉事之理。

天下無難處之事，只消得兩個「如之何」；天下無難處之人，只消得三個「必自成」。

人情要耐心體他，體到悉處，則人可寡過，我可寡怨。

事不關係都歇過到關係時悔之何及？事幸不敗都饒過，到敗事時懲之何益？是以君子不忽小防，其敗也不恕敗，防其再展。此心與旁觀者一般，何事不濟？

世道、人心、民生、國計，此是士君子四大責任。這裡都有經略，都能張主，此是士君子四大功業。

情有可通，莫於舊有者過裁抑，以生寡恩之怨；事在得已，莫於舊無者妄增設，以開多事之門。若理當革、時當興，合於事勢人情，則非所拘矣。

毅然奮有為之志，到手來只做得五分。渠非不自信，未臨事之志向雖篤，既臨事之力量不足也。故平居觀人以自省，只可信得一半。

辦天下大事，要精詳，要通變，要果斷，要執持。才鬆軟怠弛，何異鼠頭蛇尾？除天下大奸，要顧慮，要深沉，要突卒，要潔絕，才張皇疏慢，是攖虎欲龍鱗。

利害死生間有毅然不奪之介，此謂大執持。驚急喜怒事無卒然遽變之容，此謂真涵養。

力負邱山未足雄，地負萬山，此身還負地。量包滄海不為大，天包四海，吾量欲包天。

天不可欺，人不可欺，何處瞞藏些子？性分當盡職分當盡，莫教久缺分毫。

何是何非，何長何短，但看百忍之圖。不喑不瞽，不痴不聾，自取一朝之忿。

植萬古綱常，先立定自家地步；做兩間事業，先推開物我藩籬。

捱不過底事，莫如早行；侮無及之言，何似休說。

苟時不苟真不苟，忙處無忙再無忙。

《謙》六爻，畫畫皆吉；恕一字，處處可行。

才逢樂處須知苦，既沒閒時那有忙。

生來不敢拂吾髮，義到何妨斷此頭。

量嫌六合隘，身負五嶽輕。

休買貴後賤，休逐眾人見。

難乎能忍，妙在不言。

休忙休懶，不懶不忙。

隨緣，不是教你隨便：

學習智者處世的態度，開心或難過，一切都讓它 Let it go！

編　　著：吳勵名，蕭勝平

發 行 人：黃振庭

出 版 者：崧燁文化事業有限公司

發 行 者：崧燁文化事業有限公司

E-mail：sonbookservice@gmail.com

粉 絲 頁：https://www.facebook.com/
　　　　　sonbookss/

網　　址：https://sonbook.net/

地　　址：台北市中正區重慶南路一段六十一號八
　　　　　樓 815 室

Rm. 815, 8F., No.61, Sec. 1, Chongqing S. Rd.,
Zhongzheng Dist., Taipei City 100, Taiwan

電　　話：(02)2370-3310

傳　　真：(02)2388-1990

印　　刷：京峯彩色印刷有限公司（京峰數位）

律師顧問：廣華律師事務所 張珮琦律師

定　　價：350 元

發行日期：2023 年 01 月第一版

◎本書以 POD 印製

國家圖書館出版品預行編目資料

隨緣，不是教你隨便：學習智者處
世的態度，開心或難過，一切都讓
它 Let it go！/ 吳勵名，蕭勝平編
著 . -- 第一版 . -- 臺北市：崧燁文
化事業有限公司 , 2023.01
面；　公分
POD 版
ISBN 978-626-332-919-5(平裝)
1.CST: 修身 2.CST: 人生哲學
192.1　　111018646

電子書購買

臉書